SUR LES ROUTES DU MONDE
ÉCRIVAINS VOYAGEURS

LA FRANCE DES ÉCRIVAINS

GUIDES GALLIMARD

GUIDES GALLIMARD

Direction : Pierre Marchand
Assisté de Hedwige Pasquet
Rédaction en chef : Nicole Jusserand
Graphisme : Élisabeth Cohat
Fabrication : Catherine Bourrabier
Partenariats : Philippe Rossat
Commercial : Jean-Paul Lacombe
Presse et promotion : Manuèle Destors

LA FRANCE DES ÉCRIVAINS

Édition : Béatrice Méneux
Iconographie : Anaïck Bourhis
Maquette : Xavier Crauffon
Lecture-correction : Agathe Roso
Cartographie infographique : Édigraphie

Dépôt légal : mai 1997
Numéro d'édition : 81193
ISBN 2-74-240370-1
Imprimé en Italie
par la Editoriale Libraria
Mai 1997

À ne pas manquer
À visiter, à voir, à savoir, à lire, se promener: autant d'informations pratiques pour clore chaque région littéraire (pour les visites, téléphoner est plus prudent).

Promenade à travers un jardin de lettres

d'Emmanuel de Roux

Pour les manuels de littérature, la France est un jardin de lettres. Les écrivains, nous disent-ils, y sont aussi nombreux que les fromages. Chaque province a les siens. Chateaubriand, décoiffé, médite au coin d'une lande bretonne ; Pagnol galèje au comptoir d'un bistrot du Vieux Port de Marseille ; Vialatte tire ses feux d'artifice à partir des volcans d'Auvergne ; Chardonne, le prudent Charentais, dose son cognac comme ses paragraphes ; Barrès le Lorrain, pas toujours inspiré, harangue ses lecteurs du haut de la colline de Sion ; les duettistes alsaciens Erckmann et Chatrian évoquent, à la veillée, les conscrits de la Grande Armée ; Rabelais trinque avec Gargantua sur les bords de la Loire ; Mauriac rôde sur les quais de Bordeaux, dans la peau d'un adolescent d'autrefois. Clichés ? Idées reçues ? Est-il bien certain que le terroir ait une influence déterminante sur l'œuvre de l'écrivain ? Que chaque auteur soit enraciné dans une région ? Stendhal, né au milieu des Alpes, ne rêvait-il pas des collines romaines ? Saint-Pol Roux le Méditerranéen ne s'est-il pas montré sensible aux charmes de l'Atlantique, au point de s'installer à la pointe de la Bretagne ?

Dans un pays au cœur traditionnellement hypertrophié, que représente la province sinon un point de départ pour une armée de Rastignac ? Tous rêvent de faire carrière à Paris. Ce mépris ou cet oubli de la France profonde se lit, d'ailleurs, bien dans la carte du monde dressée par les surréalistes entre les deux guerres. Chaque pays s'y voit attribuer une taille proportionnée à son importance littéraire ou poétique. À ce titre, l'île de Pâques est plus vaste que les États-Unis, le Canada est dévoré par l'Alaska, l'URSS, patrie d'une Révolution toute neuve, est à sa juste place, démesurée, tandis que la Grèce, berceau du classicisme abhorré, a disparu. Quant à la France, péninsule occidentale de l'Europe, elle est réduite à sa seule capitale. C'est vers elle que tous convergent : Stendhal échappé de ses montagnes, Daudet le Méridional, Zola venu d'Aix et Gracq de Nantes, Barbey délaissant les côtes de la Manche, Rimbaud désertant les Ardennes, Chateaubriand accouru de Bretagne, et Colette tirée de sa Bourgogne. Même le Normand Flaubert, l'ours de Croisset, connaissait par cœur les horaires des chemins de fer entre Rouen et Paris.

À quoi bon partir sur les traces des écrivains si, jacobinisme oblige, ils sont tous à Paris ? Et si l'on en croit Marcel Proust, la mystérieuse alchimie qui s'opère au moment où le papier se noircit ne tient compte ni du moi social de l'auteur ni de ses racines : Rimbaud n'est pas un potache qui sèche ses cours du lycée de Charleville, mais un voyant qui lance la poésie sur des chemins inconnus ; Valery Larbaud a beau retrouver ponctuellement son Vichy natal, il lui préfère les express internationaux qui sillonnent l'Europe. N'est-ce pas à désespérer les meilleurs volontés ? Non, il y a d'excellentes raisons, pour nous humbles lecteurs, à ne pas écouter ces avis certainement vérifiés.
D'abord chaque lecteur est un peu fétichiste. S'il aime le grain du papier, l'odeur de l'encre, jusqu'à la forme du livre où pour la première fois il a plongé dans un univers qui l'a enchanté, il partira volontiers sur la piste de son auteur de prédilection. Il ne manquera aucune de ses demeures. La vue de son encrier lui donnera des palpitations. Balzacien enragé, il ira hanter la petite maison de la rue Raynouard, à Auteuil, pour déchiffrer les manuscrits du *Père Goriot* ou des *Illusions perdues*, surchargés de ratures. L'hugolâtre prendra la malle de Guernesey pour contempler l'horizon derrière le pupitre de Hauteville House. À défaut, il courra place des Vosges, admirer les décors dessinés par le grand Victor. Si la plupart des romans de Loti sont oubliés, les curieux se précipitent toujours à Rochefort pour débusquer sa bizarrerie qui a trouvé refuge dans son étrange logis. Le maniaque de Giono refera, cartes en main, le parcours d'Angelo à travers les montagnes de Lure. *La Forme d'une ville*, de Julien Gracq, est le prétexte rêvé pour parcourir Nantes en tous sens, sans quitter l'auteur du *Rivage des Syrtes*. Comme *Par les champs et par les grèves*, de Maxime Du Camp et Gustave Flaubert, est un bréviaire parfait pour un tour de Bretagne. Passions ridicules ? Les surréalistes enquêtèrent longuement, entre les deux guerres, pour déterminer avec précision l'emplacement exact de la rue de la Vieille-Lanterne où fut trouvé, un petit matin d'hiver, Gérard de Nerval pendu à la grille d'une fenêtre. L'enquête révéla que ce lieu tragique était devenu... le trou du souffleur du théâtre Sarah-Bernardt – aujourd'hui Théâtre de la Ville.
Et puis la vulgate proustienne, machine de guerre montée contre Sainte-Beuve, le critique détesté, n'est pas à prendre au pied de la lettre. Sans doute la *Recherche du temps perdu* n'est-elle pas un rébus comme voudraient nous le faire croire trop de biographes. Mais le séjour du narrateur à Combray, dans la demeure de ses grands-parents, ou ses vacances à

Cabourg ont nourri tant de pages de *Du côté de chez Swann* ou d'*À l'ombre des jeunes filles en fleurs*, qu'il est tentant de rechercher des aubépines du côté de Méséglise ou d'explorer la salle à manger du *Grand Hôtel* encore debout. Sans doute l'alchimie de l'écriture transforme-t-elle une réalité souvent banale. Mais les fêtes du *Grand Meaulnes* sont aussi mélancoliques que les tristes étangs solognots, noyés dans la brume à l'approche de l'hiver. Les nuages bas qui, dans les romans de Bernanos, pèsent au-dessus de l'Artois ont parfois une troublante réalité.

Et Paris, en dépit de ses bouleversements incessants, distille encore des bribes de nostalgie dignes d'être vécues. Même si Saint-Germain-des-Prés est devenu une annexe du faubourg Saint-Honoré, les faïences de la brasserie *Lipp* évoquent encore Léon-Paul Fargue – elles sortaient de l'atelier de son père – ou le robuste fantôme du jeune Hemingway qui venait, à l'époque de *Paris est une fête*, dévorer une salade de pommes de terre à l'huile, arrosée d'un «distingué». Et les hordes de touristes n'arrivent pas à chasser tout à fait du *Café de Flore*, les ombres de Sartre et de Simone de Beauvoir.

Enfin, à côté des poèmes et des romans, il existe, plus précis, les récits, carnets de route, journaux et correspondances qui balisent les déplacement des hommes de plume : voyages de Victor Hugo sur le Rhin, randonnées berrichones de George Sand, inspections de Mérimée en Corse, séjours de Rousseau en Savoie, villégiatures sanglantes de ces écrivains français, allemand ou anglais – Cendrars, Jünger ou Robert Graves – qui se retrouvèrent face à face, ou côte à côte, dans les tranchées de la Somme, pendant la Première Guerre mondiale.

Le petit guide que nous proposons ici permet de suivre certains de ces écrivains à travers les régions françaises, en prenant pour fil conducteur leurs œuvres, imaginaires ou non, ou les traces quasi physiques qu'ils y ont laissées. Élaboré pour le journal *Le Monde*, en septembre 1996, à l'occasion des Journées du Patrimoine, le guide est ici complété et augmenté sans viser pour autant à l'exhaustivité. Le choix des auteurs est, on s'en doute, totalement subjectif. Notre ambition est de montrer que le patrimoine français ne se borne pas seulement à quelques monuments célèbres, à quelques sites fameux ; c'est aussi une mémoire qui restera vive tant que Gavroche, Julien Sorel et Mme de Rénal, Vautrin, Eugénie Grandet, Emma Bovary, Nana et le Grand Meaulnes s'inscriront dans un paysage, une ville ou une demeure, silhouettes plus réelles que bien des contemporains en chair et en os.

EMMANUEL DE ROUX

ALSACE

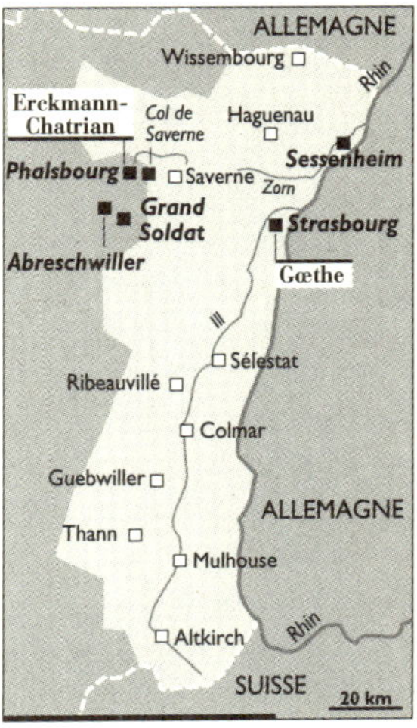

Aux confins du monde latin et du monde germanique, disputée entre la France et l'Allemagne, cette province a vu passer le plus illustre des écrivains allemands qui séjourna longuement à Strasbourg. C'était avant les guerres de la Révolution et de l'Empire longuement racontées par deux auteurs qui signaient ensemble, de leur double nom – Erckmann-Chatrian –, l'épopée modeste d'un conscrit de 1813 ou d'une Madame Thérèse, maquisarde avant l'heure.

Un étudiant allemand à Strasbourg

Johann Wolfgang von Goethe

«J'ai vu Chartres, j'ai vu Anvers, il me fallait Strasbourg», écrit Victor Hugo en flattant la flèche de la cathédrale, *«le prodige du gigantesque et du délicat.»* Le récit de son voyage sur le Rhin ressemble à une série de photographies prises sans descendre du véhicule en marche, banales et fades à côté des croquis au fusain tracés à main levée, avec plus d'application, au pied d'un château en ruine. Une semaine de septembre, Hugo passe en touriste. Goethe, lui, sortant de l'adolescence, a posé son sac à Strasbourg pendant un an et demi, à un moment important de sa vie, pour un diplôme sans suite mais pour une expérience considérée comme déterminante pour l'homme et pour son œuvre.

Dans son récit autobiographique, *Voyage entre le Rhin et la Sarre*, Goethe raconte ses élans pour la cathédrale gothique du haut de laquelle il salue, avec défi, la nature et la vie qu'il attend au détour de l'écriture. Crânement, il raconte qu'il a gravi seul les ultimes marches du clocher pour satisfaire, sur la margelle étroite comme une hune de perroquet, son audacieuse curiosité et dominer sa crainte du vertige.

VOYAGE ENTRE LE RHIN ET LA SARRE, 1770

Il arriva à Strasbourg le 2 avril 1770. Il laissait derrière lui l'enfance triste de Leipzig et les inconfortables mois vécus à Francfort, malade, désemparé dans ses pensées, auprès d'un père acariâtre. De Strasbourg, ville universitaire réputée, il attend tout d'abord le couronnement de ses études de droit qui n'iront pas jusqu'au doctorat, mais surtout une connaissance moins *«bariolée»* de la langue française et celle, plus approfondie, d'une littérature riche et variée.

Débarqué comme un fils de bourgeois cossu à l'auberge de l'*Esprit*, fréquentée quatre ans plus tôt par Jean-Jacques Rousseau, il prit vite pension dans la rue de l'Ail, près de la cathédrale, chez les demoiselles Lauth, tanière d'étudiants et surtout de carabins, qui, autour de la table d'hôtes, reconsidéraient les rapports de l'homme et de Dieu, redéfinissaient les horizons du savoir et tâtonnaient sur les chemins mystérieux de la création. Beaucoup étaient protestants, mêlés aux discussions sur les Lumières, sans contact avec la communauté

catholique, à peu près égale dans cette cité de quarante mille habitants en pleine expansion démographique.
Goethe, sans négliger ses plaisirs, assouvit sa soif de connaître. Il fréquente la faculté de médecine, s'intéresse à l'anatomie, la dissection, l'accouchement. Admis à la «*Societät*» du chimiste Spielmann, dans une maison qui abrite une des plus vieilles pharmacies d'Europe, il découvre les sciences naturelles. Ses amis, Salzmann, «*popularphilosoph*», Schoepflin, historiographe de Louis XV, Oberlin, le pasteur sage de Ban de la Roche, guident ses lectures vers Rabelais, Montaigne, Beaumarchais, Buffon...
Ces rencontres et ces lectures auraient davantage francisé l'étudiant allemand, n'étaient la personnalité et l'amitié d'un compatriote, Johann Herder, chef de file du préromantisme d'outre-Rhin, présent à Strasbourg. Celui-ci élargit les horizons du jeune poète aux œuvres d'Ossian et de Shakespeare, aux richesses créatrices de la nature et des éléments et aux bienfaits de la langue maternelle, respectée et exploitée dans ses derniers retranchements.

Goethe et Frédérique, de Henri Bacher, 1923.

Puis il y eut Frédérique, la fille du pasteur Jean-Jacques Brion de Sessenheim, un village proche de la forêt de Haguenau. L'idylle dura quelques mois. Sous la gloriette de la colline, Frédérique crut au mariage. Au pied d'un chêne qu'on montre sur la route de Drusenheim, le soupirant brisa ses espérances. Frédérique tomba malade et pardonna, sans en dire davantage, quand Goethe repassa, un peu par hasard, huit ans plus tard. Elle n'inspira pas la Marguerite de Faust mais une confidence publiée en 1810. La ville de Sessenheim, dans son ancien corps de garde, conserve un mémorial avec la copie du Goethe de David d'Angers. En face de l'église, la vieille auberge du *Bœuf* expose des poèmes qui doivent plus à Jean-Jacques Rousseau qu'à Shakespeare. Le blé était en herbe.

MICHEL CAFFIER

Entre Phalsbourg et Norfolk

Erckmann-Chatrian

La chronique littéraire rapporte qu'au début du siècle, le président des États-Unis, Theodore Roosevelt, connaissait par cœur des pages de romans d'Erckmann-Chatrian. À cette époque, on jouait dans des théâtres américains une adaptation de *L'Ami Fritz*, par ailleurs mis en musique à la Scala de Milan par Pietro Mascagni, le compositeur de *Cavalleria rusticana*. Comme un autre auteur lorrain, Edmond About (*L'Homme à l'oreille cassée*, *Le Roi des montagnes*), Erckmann-Chatrian fut pendant plus d'un demi-siècle un des auteurs les plus lus des collections populaires pour adultes et adolescents.

L'Ami Fritz, 1864
Histoire d'un conscrit de 1813, 1864
Madame Thérèse, 1863

Ces romans édifiants, nimbés d'un régionalisme de tradition et d'un voile de fantastique ou d'héroïsme pour l'émotion, chantaient les vertus des bons instituteurs et de leurs élèves attentifs, les mérites du paysan travailleur et de l'ouvrier consciencieux, l'indispensable beauté de la nature, l'exemple de patriotisme et d'épopée modeste d'un conscrit de 1813 ou d'une Madame Thérèse, maquisarde avant l'heure. Ces pages d'instruction civique, traitée à la façon des contes des veillées villageoises, fleuraient bon le sapin des Vosges, la myrtille et le gewurst qui donnèrent au double auteur un label alsacien

L'Ami Fritz, de M. Meyer, 1876.

d'appellation plus ou moins contrôlée, mais bien d'origine : *«Le village avec ses larges toitures de chaumes, ses hangars, ses étables, sa petite église affilée dans l'air, ses arbres fruitiers au feuillage touffu qui moutonnent les uns au-dessus des autres jusqu'à mi-côte, ou commencent les bruyères ; la Zorn écumeuse qui suit en zig-zag toutes les sinuosités de la montagne à perte de vue; les gras pâturages où se baignent jusqu'au poitrail, dans les hautes herbes, les grands bœufs, les vaches, les génisses, levant leur large tête crépue et mugissant du fond de leur poitrail d'une voix lente et mélancolique, tout cela s'épanouissait comme une fraîche idylle dans la vallée bleuâtre : Felsembourg n'était pas alors à dix heures de Paris par la grande vitesse, mais bien à cinq ou six siècles ;*

on y parlait une langue primitive pleine de vieux mots et de tournures allemandes ; on y chantait d'antiques complaintes si douces, si mélancoliques, que les larmes vous en venaient aux yeux et qu'on se prenait à songer, aux minnesingers, aux belles châtelaines, aux chevaliers et aux misères du pauvre peuple dépouillé, houspillé, saccagé et pendu par les Tavardins, les Brabançons, les Bourguignons et autres héros du Moyen Âge.» (*L'Ami Fritz*)

Émile Erckmann, né en 1822 à Phalsbourg, et Alexandre Chatrian, né en 1826 à Grand-Soldat, sur le territoire voisin d'Abreschviller, sont lorrains. La plupart des villages qu'ils décrivent sont situés sur le versant ouest du col de Saverne mais les bornes communales ou départementales ne limitent pas brutalement le partage des mœurs. Des deux côtés des collines boisées, on s'en accommode bien aujourd'hui en se souvenant que les anciens ont poussé les mêmes schlittes, leurs Suzel et leurs Fritz, porté les mêmes coiffes et spencers noirs. Les deux compères contribuèrent à cette confusion géographique en reculant leur frontière naturelle pour approcher du flatteur modèle d'Hoffmann et des contes populaires germaniques. Teintés de Forêt-Noire, la maison du Brigadier Frédérick, le refuge du Fou Yegof, le tunnel de Maître Daniel Rock semblaient, les illustrations de Riou aidant, plus alsaciens que lorrains. Cette impression fut renforcée quand Phalsbourg, avec la Moselle et une partie de la Meurthe, fut annexée en 1871 pour intégrer l'Alsace-Lorraine, qui ne formaient plus qu'une, de l'autre côté de la Porte de France, dans les espérances de reconquête. *L'Ami Fritz*, précédé sur scène par de brillantes *Marseillaise*, fut le symbole des deux provinces, fondues en un Reichland, à restituer à la patrie.

L'Invasion ou le Fou Yegof, 1862

À une époque où la littérature régionaliste gagnait ses lettres de noblesse avec Alphonse Daudet, Guy de Maupassant, Pierre Loti et le Belge Rodenbach, auteur de *Bruges-la-Morte*, tous écrivains de souche bien transplantés à Paris, Émile Erckmann s'accrochait à sa terre lorraine, à son calme et à sa discrétion. Malgré l'entregent d'Alexandre Chatrian, installé à Villemomble (Seine-Saint-Denis) et forçant les portes de la Comédie-Française et du Châtelet, l'œuvre commune garda sa coloration folklorique, abusivement restrictive: «*Pour l'amour de Dieu, quittez l'Alsace et étudiez la France, étudiez l'homme moderne*», écrivait Émile Zola dans un compte rendu. N'était-ce pas injuste de priver ainsi d'intérêt universel un auteur cumulant cent cinquante éditions et rééditions en langue anglaise?

Aujourd'hui que les racines retrouvent leur réconfortante attirance, Erckmann-Chatrian, fâchés à mort à la fin de leur vie et réconciliés dans le souvenir commun comme dans la signature unique, reprend ses bons sabots villageois dans sa bonne terre de Phalsbourg. Sur la belle place de la commune, où préside l'autre gloire, le général Mouton («*Mon Mouton est un lion*», dit Napoléon à Essling), l'hôtel de ville réserve à Erckmann-Chatrian une salle de son musée: les couvertures des livres montrent qu'on ne les a pas lus qu'entre Hunebourg et Saint-Quirin. Chaque été, au mois d'août, le festival mosellan de «Pierres et cultures» monte en plein air, à Phalsbourg, *L'Ami Fritz* ou *Le Juif polonais* qui alternent avec une comédie de Shakespeare ou un autre classique. Plus que celle de Goethe, inscrite sur la Porte d'Allemagne après son passage en 1770, la marque de l'auteur imprègne l'ambiance locale avec les enseignes commerçantes de l'inévitable *Ami Fritz* ou du Soldat de l'An II. Quand les universitaires de Clermont-Ferrand constitués en Amis d'Erckmann-Chatrian viennent en colloque, ils ne sont pas dépaysés.

LE JUIF POLONAIS, 1869

Si Phalsbourg est le phare, la Lorraine n'est pas oublieuse non plus. Depuis 1925, le prix Erckmann-Chatrian couronne un romancier de la région et, depuis moins, un historien. Lunéville, où il a fini ses jours, prépare le centenaire de la mort d'Émile Erckmann que marqueront au printemps de 1999 une exposition et une journée littéraire.

Comme, dans le même temps, à l'Université américaine de Norfolk, le professeur Stephen J. Foster étudie à la loupe manuscrits, lettres et éditions, on voit que le souvenir de l'auteur des *Contes populaires* a bien vieilli. C'était une des vertus du «johannisberg des capucins» que Fritz Kobus gardait au frais dans son cellier.

MICHEL CAFFIER

À NE PAS MANQUER

Goethe

À voir
Mémorial Goethe
Rue Frédérique Brion, 67770 Sessenheim
Tél. 03 88 86 97 04

Erckmann-Chatrian

À visiter
Musée historique, militaire et Erckmann-Chatrian
Hôtel de ville, place d'Armes, 57370 Phalsbourg
Tél. 03 87 24 41 20
À voir
Festival «Pierres et Cultures» du 30 juillet au 5 août
Spectacle en plein air
Square Boulanger, 57 370 Phalsbourg
Tél. 03 87 24 42 42 (syndicat d'initiative)
À savoir
Les Amis d'Erckmann-Chatrian
Centre de recherches révolutionnaires et romantiques
29, boulevard Gergovia, 63037 Clermont-Ferrand Cedex 1
Tél. 05 73 34 65 16 ou 05 73 34 65 32

AQUITAINE

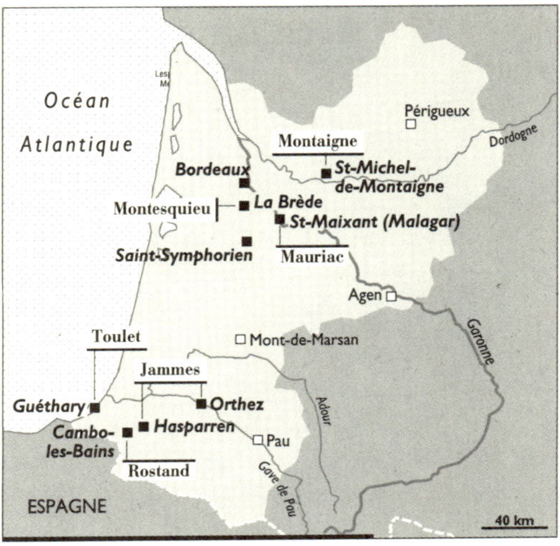

Bordeaux, la capitale, s'honore d'avoir eu comme maire l'illustre Michel de Montaigne, qui préférait le confort de sa «librairie» aux devoirs de sa charge. Autre enfant de la région, Montesquieu fut conseiller au parlement. Plus tard, Mauriac trouvera un accent inimitable pour évoquer la chaleur torride de ses étés et la noirceur des sentiments qui s'agitent derrière les persiennes closes. Les poètes – Toulet, Jammes, Rostand – choisiront le sud de la Gascogne ou le Pays basque.

Bordeaux, la retraite du maire

Michel Eyquem de Montaigne

«*Monsieur de Montaigne, pour ce que j'ay en estime grande vostre fidélité et zellée dévotion à mon service, ce m'a esté plaisir d'entendre que vous esté esleu maior de ma ville de Bourdeaulx...*» Le 25 novembre 1581, Henri III, roi de France, prend ainsi acte de la désignation de l'auteur des *Essais* à la charge de maire de la ville qu'a déjà dirigée son père. Montaigne (1533-1592) occupe la tête de la «*jurade*» de 1581 à 1585, soit deux mandats successifs placés sous le signe de la peste, des sanglantes guerres de Religion, mais aussi de travaux ambitieux dont le plus spectaculaire est la restauration du phare de Cordouan par l'architecte Louis de Foix, à l'entrée de la Gironde.

***Essais*, 1580, 1588, 1595**

Mais c'est à l'extérieur de la ville que le philosophe-maire travaillait et gérait les affaires de Bordeaux. Le paradoxe n'est qu'apparent: dans son château situé à l'orée de la forêt du Landais, proche de Sainte-Foy et Bergerac, sur la ligne stratégique reliant La Rochelle et Montauban, bastions du protestantisme, il jouit d'une position exceptionnelle. Montaigne peut observer le fracas des combats qui font rage alentour et les agissements d'Henri de Navarre pour mieux jouer son rôle d'intermédiaire entre ce dernier et le représentant du roi de France, Matignon. Plus encore: c'est là que prend corps le recul nécessaire à la réflexion philosophique et à l'action civique.

Au rez-de-chaussée de la tour du château, que l'on peut visiter aujourd'hui, se trouve la chapelle avec la niche qui contenait l'autel. Le premier étage est réservé à la chambre à coucher – où dormira le futur Henri IV, en décembre 1584, lors de l'un de ses trois séjours à Montaigne. Au second, la

fameuse «*librairie*» où il a fait inscrire des devises sur les poutres. De ce «*cabinet assez poli*», «*très plaisamment percé*» de trois fenêtres, le maître surveille «*la plupart des membres de [sa] maison*» – c'est-à-dire sa femme et sa fille – et s'imprègne des rumeurs du pays de Guyenne. C'est là que ce «*songe creux*», enfin soustrait «*à la communauté et conjuguale et filiale, et civile*», lit, goûte sa liberté intérieure et se donne enfin le temps de «*mettre en rôle*» ses pensées, jusqu'à sa mort, en 1592.
Montaigne prend cependant plaisir à rendre visite à ses amis, restés à Bordeaux, rue Neuve – détruite en partie par les bombardements de 1940 –, îlot bourgeois au milieu des ruelles noires et insalubres suant la pauvreté, où vivaient, sous les fenêtres géminées, les parlementaires et les grandes familles de la ville. On peut aussi suivre sa trace au cœur du Bordeaux médiéval, entre la porte Saint-Éloi et la place du marché : c'est là, rue Saint-James – où subsiste un magnifique linteau de porte Renaissance –, que son éditeur, Simon Millanges, publia la première version des *Essais*.

SANDRINE AZOULAY

Le châtelain de La Brède

Montesquieu

Charles-Louis de Secondat, le futur Montesquieu (1689-1755), voit le jour le 18 janvier 1689 au château de La Brède, possession familiale depuis le XIe siècle. À la mort de sa mère, en 1696, Charles-Louis devient, à l'âge de sept ans, baron de La Brède. Situé à une vingtaine de kilomètres au sud-ouest de Bordeaux, sur la commune de La Brède, jadis nommée Saint-Jean-d'Étampes, le château, baigné de larges douves, n'a pas fait l'objet de modifications architecturales majeures depuis 1785. L'édifice est constitué d'un donjon du XIIe siècle, sur lequel chaque siècle, ou presque, greffera des ajouts, jusqu'à la veille de la Révolution.
Le château appartient toujours aux descendants du philosophe. La bibliothèque de ce dernier vient de quitter son abri séculaire pour le cadre plus anonyme de la bibliothèque de Bordeaux. On peut visiter quelques pièces du bâtiment dont la chambre de l'auteur de *L'Esprit des lois*. Stendhal note

dans son *Voyage dans le midi de la France* : «*Cette chambre montre l'extrême simplicité du grand homme qui avait compris les grands peintres d'Italie et pour lequel tout ornement bourgeois et mesquin faisait laideur. Cette chambre n'a qu'une seule fenêtre, à la vérité assez grande et ouvrant au midi... elle est boisée au moyen d'une couleur point sombre et nullement majestueuse.*»

LETTRES PERSANES, 1721

Le domaine environnant – qui correspond à une faible partie de celui du XVIIIe siècle – représente encore une centaine d'hectares dont seize de vignoble.
Conseiller au parlement de Bordeaux, puis président, Montesquieu n'oublie pas d'assurer les expéditions de ses récoltes, en particulier vers l'Angleterre. Dans la capitale girondine, il occupe divers logements dont un, rue Margaux, en sa qualité de président à mortier.
Mais La Brède reste pour l'auteur des *Lettres persanes* un lieu priviégié, où il aime se retrouver entre deux voyages à Paris ou à l'étranger : «*J'habite ma campagne avec une satisfaction intérieure que je vous souhaite à Paris. Je sens que si je suis fou quelquefois et même les trois quarts du temps, il y a néammoins chez moi un fond de sagesse en réserve que je pourrai faire valoir quelque jour...*»

SANDRINE AZOULAY

Le Parlement de Bordeaux au Palais de l'ombrière, de Desmaison, 1760.

Poètes néo-romantiques et villas néo-basques

Edmond Rostand et Paul-Jean Toulet

Edmond Rostand (1868-1918) a vingt-neuf ans quand il donne son *Cyrano de Bergerac*. Le succès est immense. Le jeune dramaturge devient une gloire nationale. Trois ans plus tard, Sarah Bernhardt triomphe dans *L'Aiglon*. L'année suivante, l'auteur, célèbre et riche, s'installe avec sa famille – sa femme, qui signe ses poèmes Rosemonde Gérard, et ses deux fils, Maurice, qui sera poète lui aussi, et Jean, le futur biologiste – au Pays basque dans la villa Etchegorria, ou «*villa rouge*». Il devra y méditer, au calme, son prochain chef-d'œuvre: *Chantecler*. L'acclimatation est rapide. «*Quinze jours durant*, écrit Rostand à un de ses proches, *je trouvais cet exil odieux et je subissais un ennui mortel. Peu à peu, je me suis accoutumé au pays, à ma maison, aux êtres qui m'entourent; et je pense aujourd'hui que c'est le seul coin de la terre où je pense goûter encore quelques plaisirs et où, sans doute, je finirai mes jours.*» Aussi songe-t-il à acheter un terrain. En sillonnant le pays, l'écrivain découvre à Cambo une parcelle, surplombant la Nive et offrant une vue sans pareille; il y érigera sa maison, Arnaga, que l'on peut visiter aujourd'hui.

CYRANO DE BERGERAC, 1897
L'AIGLON, 1900
CHANTECLER, 1910

La villa, témoin du style néo-basque en vogue au début du siècle, est réalisée par l'architecte Tournaire, selon les directives précises que lui donnait Rostand. Ce dernier dessine également les jardins franco-anglais et la pergola. Pour la décoration Rostand convie différents artistes, invités à faire de chacune des pièces un lieu à part. Ainsi Gaston Latouche orne-t-il le grand salon d'une fresque bigarrée et lumineuse. La maison compte aussi un petit salon rond à l'allure orientale, le boudoir de Mme Rostand – redécoré récemment – et un impressionnant bureau Empire dans lequel le maître compose – très difficilement – sa pièce, *Chantecler*. Donnée en 1910, elle sera un échec en dépit de l'indulgence de la critique

– Henry Bauer louera Rostand «*d'avoir mis sur scène avec aisance et justesse la poésie de Cambo*».
À Arnaga, la vie est paisible. Edmond Rostand accueille ses voisins, Pierre Loti et Francis Jammes, fait venir ses amis, Gabriele D'Annunzio et Paul Faure. À l'un de ceux-ci qui lui demande ce qu'il peut bien faire à longueur d'année dans cette tranquille station thermale qu'est Cambo-les-Bains, il lui répond :

> «*Ce que je fais Monsieur? des courses dans les bois,*
> *À travers les ronciers qui me griffent les manches ;*
> *Le tour de mon jardin sous des arceaux de branches ;*
> *Le tour de ma maison sur un balcon de bois.*»

Si l'auteur de *Cyrano* meurt à Paris, en 1918, sa mémoire reste à Arnaga où un musée Rostand est installé depuis 1962.

Tandis qu'Edmond Rostand est un Basque d'adoption, son contemporain, le poète Paul-Jean Toulet (1867-1920), est un enfant du pays. Né à Pau, en 1867, il quitte sa ville natale, assez jeune, mais n'oublie pas «*ce sublime aréopage de montagnes et les collines recourbées, et les arbres lointains du vieux parc ; tout ce décor qui a ri à tant de mes joies passagères, pour lequel [...], j'aimerai toujours Pau dans mon souvenir*».
Longtemps Paul-Jean Toulet délaissa le Béarn pour les tabourets de bar des grands boulevards parisiens où il menait une bohème élégante et désargentée. Après quelques incursions lointaines en Orient, lassé par une carrière un peu décevante, la santé un peu délabrée, l'auteur de *Mon Amie Nane* veut retrouver le «*bleu léger des Pyrénées*» et «*la Dordogne aux belles eaux*». Il s'installe à Guéthary en 1912, au bord de l'eau. Entre «*le blanc ou bleu tendre des Pyrénnées*» et la mer, il habite la villa Etchebria, maison au toit plat et aux volets verts. C'est ici qu'il achèvera son dernier roman, *La Jeune Fille verte*, publié l'année de sa mort et mettra la dernière main à son recueil de vers, les *Contrerimes* que certains placent entre Paul Verlaine et Jules Laforgue. La modestie du poète nonchalant ne demandait pas tant.

***Mon Amie Nane*, 1905**
***La Jeune Fille verte*, 1920**
***Contrerimes*, 1921**

FRÉDÉRIQUE NGUYEN HUU

Les étapes d'un épicurien du Sud-Ouest

Francis Jammes

Avec pour guide *Ma France poétique*, Francis Jammes (1868-1938) nous invite à parcourir le Sud-Ouest, de la Bigorre au Pays basque en passant par le Béarn. Un voyage impressionniste, où l'atmosphère compte plus que les descriptions minutieuses. La vie du futur poète commence, le 2 décembre 1868, entre Tarbes et Lannemezan, à Tournay en Bigorre. «*Dans la maison qui était le Presbytèr / À Tournay, le village où j'arrivais sur terre, [...]*» (*Revue de l'Enregistrement*, 1929). Le rez-de-chaussée de cette maison Cazabat, située rue Tramézaïgues, tenait à la fois lieu de presbytère et de bureau de l'Enregistrement – dont M. Jammes père était le receveur. En 1875, la famille quitte Tournay et part s'installer à Pau, pour un séjour d'un an à peine. Bien que bref, cet arrêt dans la cité paloise – et ses environs – s'enracinera dans la mémoire du poète :

MA FRANCE POÉTIQUE, 1926

«*Elle ouvre l'éventail d'azur des Pyrénées*
Sur les coteaux du Gave aux villas fortunées.»

Puis, quatre ans durant, les Jammes vivent au Pays basque, à Saint-Palais. Dans cette petite ville sise au pied des Pyrénées, entre Bidouze et Joyeuse, ils occupent rue de la Bidouze (aujourd'hui 14, rue du Palais-de-Justice) une maison que le poète place au cœur de son itinéraire poétique :

«*Voici l'entrée avec le tout petit parterre ;*
La pièce où nous mangions ; le bureau de mon père ; [...]
La galerie, et le hangar sur la rivière
Où descend l'escalier dont branle chaque pierre.»

Lorsqu'en 1880, M. Jammes est nommé à Bordeaux, la famille s'installe dans le modeste immeuble bourgeois du 196, cours des Fossés (actuellement 15, cours Pasteur). Là, dans sa mansarde de jeune homme, perce la vocation de Francis Jammes :

«*J'ai, tel un grand poète, écrit dans la mansarde*
Où, quand on a vingt ans, notre muse s'attarde. [...]
Il me semble que j'entende encor tinter la grêle
Sur les toits de Bordeaux, [...]»

Francis Jammes dans son jardin d'Hasparren, par Jean Roubier, 1938.

Vocation qui se dessine plus clairement, quand il vient habiter Orthez en décembre 1888. Il loge à l'est de la ville, dans l'ancien quartier des tisserands et des tanneurs, au n° 8 (à présent n° 16) de la rue Saint-Pierre, une rue en forme de demi-lune, bordée de maisons du XVIIe siècle. Celle qu'il occupe porte le nom de maison Sarrailh. Il se la rappelle comme un lieu :

> «*[...] sombre, auprès de vieilles tanneries*
> *Mirant dans le ruisseau stagnant leurs galeries.*»

Dans ces murs, sa carrière poétique prend forme ; il se fait connaître à Paris. Ensuite, en 1897, il quitte Sarrailh et s'établit un peu en dehors d'Orthez, sur la route de Perpignan, dans la maison Chrestia, qui selon son ami Charles Guérin «*ressemble à [s]on visage*» avec sa «*barbe de lierre*» (*Un cœur solitaire*). Il y compose notamment *De l'Angélus de l'aube à l'Angélus du soir* et *Almaïde d'Étremont*. Marié, il abandonne, non sans regret, Chrestia, devenue trop petite. Dans ses *Mémoires*, il évoque ainsi ce nouveau changement plus pénible que les précédents: «*Pour moi, il me fallut changer non de province mais de maison et, bien que ce ne fût pas la première fois, il me semblait que la dernière était plus attachante. Dans un quartier plus reculé s'élevait une étrange et massive demeure, flanquée de cyprès [...] et ensevelie elle-même dans un parc. Elle s'appelait "le Major"*». Ses sept enfants naîtront ici. Contraint de quitter les lieux en 1919, il se met en quête d'une propriété capable d'accueillir sa nombreuse famille. En 1921, il hérite providentiellement d'une maison à Hasparren.

DE L'ANGÉLUS DE L'AUBE À L'ANGÉLUS DU SOIR, 1898
ALMAÏDE D'ÉTREMONT, 1911
LES CAPRICES DU POÈTE (MÉMOIRES), 1923
LE QUATRIEME LIVRE DES QUATRAINS, 1923-1925

Cette nouvelle demeure sera l'ultime étape de son itinéraire. Elle a pour nom Eyhartzea, ce qui signifie «*à côté du moulin*». Francis Jammes, qui en parle parfois comme d'un lieu d'exil, d'un ermitage, est un ermite qui connaît fort bien l'indicateur des chemins de fer: il reçoit de nombreuses visites. Et inscrit les paysages environnants dans son *Quatrième livre des quatrains*:

«*Le mont de Hasparren, ma dernière patrie,*
Appose sur le ciel la ligne d'Ursuia,
Et cette signature atteste que ma vie
Comme une hauteur sombre au soir se dépouilla.»

Eyhartzea abrite derrière sa grande grille en fer forgé un petit musée en son souvenir, et la maison Chrestia, le siège de l'association qui veille sur sa mémoire.

FRÉDÉRIQUE NGUYEN HUU

Malagar, la matière d'une œuvre

François Mauriac

L'univers romanesque de François Mauriac (1885-1970) ne s'est jamais éloigné des rives de la Gironde. L'auteur du *Mystère Frontenac* a vécu et passé sa jeunesse à Bordeaux.
Son premier recueil de poèmes, *Les Mains jointes*, est dédié à sa ville natale. Maurice Barrès remarque le volume et lui consacre un article dans *L'Écho de Paris*, le 21 mars 1910:

«Depuis vingt jours je me donne la musique charmante de cet inconnu, dont je ne sais rien, qui chante à mi-voix, ses souvenirs d'enfance, un ami mort jeune, ses amies voilées, ses premières détresses, toute une vie facile, préservée, scrupuleuse, rêveuse d'enfant catholique.» Lorsque le jeune provincial «monte» à Paris, en 1907, à l'âge de vingt ans, «sa» ville reste présente en lui, comme il le racontera plus tard dans *Bordeaux ou l'adolescence*. Une présence vivante, presque charnelle : *«Je remonte la rue du Mirail sous la pluie ou sous les étoiles, le cours Victor-Hugo, la rue Duffour-Dubergier ; un peu avant d'atteindre la tour Pey-Berland et la cathédrale, je me haussais jusqu'à la sonnette d'une maison, celle de ma grand-mère, et où ma mère veuve s'était retirée.»* Avec la distance, Bordeaux devient le creuset de ses émotions : *«L'histoire de Bordeaux est l'histoire de mon corps et de mon âme... Les maisons, les rues de Bordeaux, ce sont les événements de ma vie. Quand le train ralentit sur le pont de la Garonne et qu'au crépuscule j'aperçois tout entier l'immense corps qui s'étire et qui épouse la courbe du fleuve, j'y cherche la place marquée par un clocher, par une église, d'un bonheur, d'une peine, d'un péché, d'un songe. Bordeaux, c'est mon enfance et mon adolescence détachées de moi, pétrifiées.»* Une enfance studieuse, une éducation religieuse chez les sœurs, c'est bien cette quiétude et cette insouciance qu'il veut retrouver : *«De la ville seule, je ne saurais dénombrer tous les visages. Le quartier de la Grosse-Cloche avec la rue du Mirail où je fus, à cinq ans chez les sœurs, puis à l'institution Sainte-Marie, ressuscite une figure chétive d'enfant que les maîtres n'aimaient pas.»*

LE MYSTÈRE FRONTENAC, 1933
LES MAINS JOINTES, 1909

BORDEAUX OU L'ADOLESCENCE, 1924
BLOC-NOTES, 1952-1970

Et puis, en parcourant la terre girondine de Mauriac, à Saint-Maixant, non loin de Bordeaux, on verra apparaître, ce *«grand cœur de pierre»*, Malagar, la propriété de l'écrivain : *«Même après ma mort, tant qu'il restera sur la terre un ami de mes livres, Malagar palpitera d'une sourde vie.»* (*Bloc-Notes*) C'est en 1985, et à l'occasion du centenaire de sa naissance, que les enfants de Mauriac en font don à la Région Aquitaine afin d'y installer un centre culturel. Malagar, cette grande maison bourgeoise du XVIIIe siècle, est campée sur une colline qui domine la Garonne, sur sa rive droite, en aval de Langon : *«L'aimable belvédère ouvre sur des vignes, le fleuve et des pins, encore des pins. Ce qui frappe dans ce paysage à la respiration calme, c'est son aspect harmonieux, pacifiant.»* (*Bloc-notes*) La propriété est en cours de restauration, mais le domaine reste toutefois accessible au promeneur.

François Mauriac à Malagar.

À moins de cinquante kilomètres de Malagar se trouve Saint-Symphorien, propriété des Mauriac située au cœur de la lande du Bazadais et où François se rendait en empruntant la route de Villandraut : «*La maison et le parc enchanté du Grand Meaulnes auront été mon milieu natal et je ne m'en suis jamais écarté.*» (*Mémoires intérieurs*) C'est dans le parc de Jouannet que se trouve le gros chêne sacré : «*Vieux chêne qui m'a souvent vu chercher ton ombre. Pleurer tout bas l'amour qui ne reviendra plus...*» (*Mémoires intérieurs*) ; dans l'allée de ce parc également que s'arrête le héros d'*Un adolescent d'autrefois*, Alain Gajac, pour «*écouter le silence*».

MÉMOIRES INTÉRIEURS, 1959
UN ADOLESCENT D'AUTREFOIS, 1969

SANDRINE AZOULAY

À NE PAS MANQUER

Michel de Montaigne

À visiter
Château de Montaigne
24230 Saint-Michel-de-Montaigne
Tél. 05 53 58 63 93

Montesquieu

À visiter
Château de La Brède
Route de Toulouse, 33650 Labrède
Tél. 05 56 20 20 49

Edmond Rostand

À visiter
Musée Edmond-Rostand - Villa Arnaga
Route de Bayonne, 64250 Cambo-les-Bains
Tél. 05 59 29 70 57

Paul-Jean Toulet

À visiter
Fonds Paul-Jean-Toulet - Maison Saraleguinea
Avenue du Général-de-Gaulle, 64210 Guéthary
Tél. 05 59 54 86 37

Francis Jammes

À savoir
Association Francis-Jammes - Maison Chrestia
Avenue Francis-Jammes, 64300 Orthez
Tél. 05 59 69 11 24
À visiter
Maison de Francis Jammes
64240 Hasparren
Tél. 05 59 29 43 36
À lire
Les Demeures de Francis Jammes
Association Francis-Jammes, 1991

François Mauriac

À visiter
Centre François-Mauriac
Château Malagar - Saint-Maixant
33490 Saint-Macaire
Tél. 05 57 98 17 17

AUVERGNE

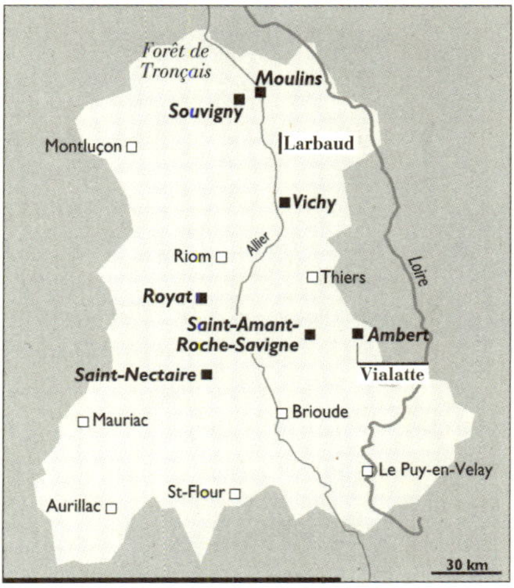

Alexandre Vialatte passe pour être l'inventeur d'un concept inédit, l'Auvergne absolue. À sa mort, il laissait quelques romans méconnus – *Les Fruits du Congo*, *Battling le magnifique* –, des traductions de Kafka et des chroniques éparpillées dans une poignée de journaux. Rassemblés en volumes, on les a découverts avec délice. Sa province, peuplée de volcans et de Caisses d'Épargne, est devenue grâce à lui une contrée aussi exotique que l'île de Pâques.

Barnabooth en Bourbonnais

Valery Larbaud

Le Bourbonnais, pour Valery Larbaud (1881-1957), c'est le «*Bleu-Centre-de-la-France*», d'une couleur «*pure, la traînée lente du pinceau chargé d'un outremer éblouissant*» et d'une tranquillité jamais entamée. «*Pas de changements brusques, comme dans le Midi, de ces coups de vent et d'orage qui laissent le pays tout bouleversé, la nature toute dépeignée*» mais «*le calme*». L'écrivain a rendu hommage à sa province natale, dans un court ouvrage, *Allen*, dédié à sa mère. Cinq amis, l'amateur, l'éditeur, le poète, le bibliophile et l'auteur, y entament par la route, dans une «*longue chose toute bleu d'azur aluminium argenté*», un voyage au centre de la France. Départ du parvis de Notre-Dame : ils quittent Paris, «*la banalité et l'ennui*», pour rejoindre le point central du territoire français, «*la colonne de pierre et de plâtre, généralement surmontée d'un drapeau d'étamine, à quatre kilomètres de Saint-Amand-Mont-Rond*», une borne milliaire élevée sur la commune Bruère-Allichamp. Dans leur course, rapide, les pavés deviennent «*une route de velours*», les maisons filent «*dans un continuel chahut de quilles renversées, puis redressées*».

***ALLEN*, 1927**

Le pays d'*Allen* existe. On peut se rendre à Moulins, la capitale du royaume, une ville rêveuse dont Larbaud chérissait les briques roses et noires des façades des hôtels, les pauses à la terrasse du principal d'entre eux, un coin silencieux qu'on n'a «*pas envie de réveiller*» ; ou dans la forêt de Tronçais anciennement appelée «*Saint-Bonnet-le-Désert*», l'une des plus belles chênaies du monde, admirer l'un des bras de l'étang Pirot, «*une longue avenue liquide et pure toute fleurie de renoncules aquatiques*» ; à Souvigny, la métropole religieuse du pays d'*Allen*, où l'église prieurale Saint-Pierre impressionne par ses proportions grandioses – «elle domine tout le pays».

À Bourbon-l'Archambault, le château en ruine évoque, pour Larbaud, un «grand arbre foudroyé». Il faut également passer au bord de la Sioule, *Scivola* en latin, «*qui semble vouloir dire la Glissante*», à Saint-Pourçain-sur-Sioule, pour voir sa tour et son clocher, «*si joliment arrangé*». Ou bien encore à

Hérisson, sous les ruines altières de son château, «*pas une faute de goût ; rien de ce pittoresque facile [...] ; réservée, coite et fine, comme les filles de chez nous*».

Mais on ne peut non plus ignorer Vichy, où Valery Larbaud est né en 1881. Lorsqu'il ne voyageait pas, l'auteur de *A.O. Barnabooth* a beaucoup séjourné dans le domaine de Valbois, dans ses maisons de Saint-Yorre et de Talvois. Ces lieux – dont il tirait l'essentiel de ses revenus, l'eau de Vichy – étaient nommés tour à tour «*l'exil, la réclusion, la thébaïde, le sépulcre*», puis son île – dont il était le naufragé –, et enfin son petit «*État indépendant*».

A.O. BARNABOOTH, 1913

Pourtant, Larbaud semble étranger à la ville d'eaux elle-même : «*À Vichy tout passe, et Vichy même. [...] Tous les drapeaux du monde, des foules de choix [...] se renouvellent sans cesse, et dans leur mouvement entraînent la ville elle-*

Valery Larbaud et sa mère sur le balcon de sa villa de l'avenue Victoria à Vichy.

même ; et les rues changent d'aspect et de nom, et même de direction.» Il fait une exception pour le vieux Vichy «*ducal et monacal*», qui a gardé «*son indépendance et son immobilité au milieu de l'invasion internationale*» à proximité des grands parcs qui longent la rivière. La maladie l'avait foudroyé avant le début de la Seconde Guerre mondiale. La station thermale n'était pas encore devenue la douteuse capitale de l'État français.
La bibliothèque-musée de Vichy détient une partie de la mémoire de l'écrivain globe-trotter : toute sa bibliothèque riche de vingt mille volumes, quarante-six manuscrits, une masse de photos et quelque sept mille lettres inédites.

ANNE ROUTIN

Le génie auvergnat

Alexandre Vialatte

Vialatte (1901-1971) a longtemps vécu à Paris, non loin de la prison de la Santé. Mais c'est à l'Auvergne qu'il revient sans cesse, parfois physiquement – pour quelques heures, quelques jours, voire des années entières –, toujours dans ses chroniques qu'il éparpille dans les feuilles ou les almanachs les plus inattendus. C'est là que reposent ses ancêtres. Vialatte est un nom auvergnat. Ses aïeuls agriculteurs vivaient à «La Vialatte», un hameau à proximité de l'ancienne voie romaine *Vialata* qui relie l'Aquitaine à Lyon. Mais son Auvergne à lui, c'est l'Auvergne absolue, selon le titre d'un de ses recueils, quelque chose comme le centre du monde, dont les habitants sont faciles à reconnaître où qu'ils se trouvent : «*Ils ont des cheveux noirs, des yeux de braise, des dents luisantes et des chandails superposés, les uns marron et les autres aubergine.*» Ce centre du monde est méconnu, injustement oublié : «*C'est un meuble pauvre que la France a relégué longtemps dans sa mansarde.*» Il est pourtant riche en monuments naturels. Ainsi les manifestations chimiques des grottes Rouges, à mi-pente d'une falaise de Royat, donnent à ceux qui les observent des vertiges savoureux, «*parfum de magie, de grand occultisme et de table tournante*». Les sources pétrifiantes, sorte «*d'attraction*

***L'AUVERGNE ABSOLUE*, 1983**

«Jasserie» au Grand Genévrier, commune de Saint-Anthème (Puy-de-Dôme).

montmartroise», sont plus de deux cents en Auvergne. L'une d'entre elles, la source de Saint-Alyre, dépose une «*carapace calcaire sur tous les objets qu'on présente à sa morbide fantaisie [...]; [ces] enduits patriotes et colombophiliques lui valent l'estime du monde entier*».

Pour nous présenter son «*Royaume du Vert*», Vialatte s'en va camper sur une montagne anonyme trouver «*une auberge qui sent le brouillard, la suie, le mouton, la résine*». Là, «*à l'altitude de ses lacs de cratère, une paix cosmique y tombe sur leur surface glacée, pareille à un disque de marbre. Et un silence de dix mille ans remplit l'espace*». Il contourne soigneusement les villes et leur temple typiquement auvergnat, la Caisse d'épargne: «*Tous les chemins y mènent du plus haut des collines et abrite toute l'économie du pays.*» Vialatte leur préfère ses monuments géologiques. Comme le paysage lunaire des puys qui «*s'alignent là par ribambelles énigmatiques*». Les lacs rustiques aux «*mille légendes, plus ou moins controuvées*» sont ses haltes préférées. Ainsi le Gour-de-Tazenat (Puy-de-Dôme), où il aimait se baigner. Après quoi il allait prendre un scotch au *Manoir fleuri*, «*d'où l'horizon est incroyable, invisible à force de lointain, asymptotique*». Il cite encore le lac

Chambon et son village «*pauvre, exquis, touchant, dépouillé, avec une église parfaite*», le lac Pavin «*à l'eau noire et lisse comme un marbre, tout rond, tout glacé, tout désert, qu'entoure presque à pic la falaise d'un cratère couverte d'une forêt dense comme des cheveux d'un montagnard*». Par le col de Diane, Vialatte se rend aux roches Tuilières et à Sanadoire, «*portiques géants d'un paysage illimité*», puis à Saint-Nectaire voir sur un rocher l'une des plus belles églises de France. L'auteur ne manque pas de s'arrêter à Royat, «*qui vise au cœur*» (car elle soigne les cardiaques) et qui doit «*convertir l'Auvergne*». Autre station privilégiée : l'hôtel-restaurant du *Bouniou*, à Saint-Amant-Roche-Savigne, où l'écrivain prit pension pour écrire *Le Fidèle Berger*. Mais la Mecque de Vialatte, son Finistère, reste Ambert avec son *Hôtel Terminus*, à côté de la gare, où l'on était sûr de le trouver en train d'écrire dans la grande salle. Au printemps 1928, il s'installe dans une grande maison – dite maison Debost –, sur la route de Lyon, non loin de la demeure familiale, située rue du Midi, près du pont et de la place du Marché. Ambert, c'est pour lui la capitale de l'Auvergne, cette école de «*haute mélancolie*», peuplée de bourgs sans exubérance, comme Saint-Amant-Roche-Savigne, que Vialatte aime «*d'un amour vrai*», car ils sont comme «*un os de seiche au sommet de la montagne, brûlés par la neige et le soleil*».

Ambert, le boulevard Henri IV et la Rotonde, 1917.

LE FIDÈLE BERGER, 1942

ANNE ROUTIN

À NE PAS MANQUER

Valery Larbaud

À savoir

Fonds Valery-Larbaud - Bibliothèque Valery-Larbaud
106, rue du Maréchal-Liautey, 03203 Vichy
Tél. 04 70 32 11 22

Alexandre Vialatte

À voir

Monument Alexandre-Vialatte
Près de la gare, 63600 Ambert
Sur le socle : «*Je n'ai jamais su qu'être grave ou fou comme les enfants.*»

BASSE-NORMANDIE

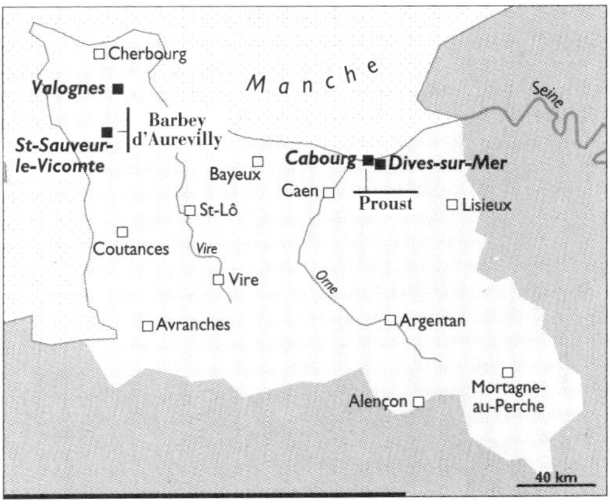

Pays mouillé de pluie, nid de gentilshommes selon Jules Barbey d'Aurevilly, dandy clérical à la plume acérée, natif de Saint-Sauveur-le-Vicomte dans le Cotentin, où il fit évoluer une grande partie de ses personnages. La côte de la Manche fut, à la fin du siècle dernier, le théâtre des premiers bains de mer. Les élégants s'y précipitaient. Et Marcel Proust le premier, qui séjourna à plusieurs reprise au *Grand Hôtel* de Cabourg, devenu le Balbec d'*À la recherche du temps perdu*.

Le connétable du Cotentin

Jules Barbey d'Aurevilly

En 1861, dans une lettre à l'un de ses cousins, Jules Barbey d'Aurevilly fait cette description éblouie de son paradis perdu, la Normandie : «*Partout où la destinée m'ait poussé, elle ne m'a jamais effacé cette allée du jardin de Valognes où je me promenais à treize ans entre toi, jeune homme, et ta sœur ; et de ce soleil comme dans cette allée, je ne crois pas en avoir revu de plus beau.*» Né en 1808 à Saint-Sauveur-le-Vicomte, dans le Cotentin (à trente kilomètres de Cherbourg), et élève au lycée de Valognes, Barbey quittera cette province en 1833 pour Paris. Il y effectuera encore quelques voyages, de 1833 à 1836, puis ne reviendra plus dans cette «*petite ville, aisée, indolente et bien close*» pendant vingt ans. Cette région nourrira, cependant, presque toute son œuvre, de *L'Ensorcelée* («*ce livre est un livre profondément normand*», confiera Barbey à son ami Trébutien) au *Chevalier des Touches* où les évocations du bas pays normand fourmillent. On retrouve encore aujourd'hui les itinéraires que Barbey d'Aurevilly a construit autour de ses intrigues romanesques sur une vingtaine de lieux du Coutançais, de l'Avranchin, du Mortainais et du Cotentin. Les descriptions multipliées par un imaginaire débordant transfigurent la Normandie en un

L'Ensorcelée, 1854
Le Chevalier des Touches, 1864

paysage de rêve, quelque peu mystérieux. On y goûte une atmosphère sombre et diabolique comme dans cette description de la place «*solitaire*» de Valognes «*qui n'était pas grande, il est vrai, mais qui, de riante qu'elle était autrefois, quand elle ressemblait à un square anglais, avec ses arbres plantés en carré et ses blanches balises, était devenue presque terrible depuis qu'en 182... on avait dressé au milieu une croix sur laquelle, colorié grossièrement, se tordait, en saignant, un Christ de grandeur naturelle*» (*Le Chevalier des Touches*).

MEMORANDUM, 1864

Dans son *Memorandum* de 1864, on retrouve aussi, rédigées pour Mme de Bouglon, les plus belles pages écrites sur la région et la ville de Saint-Sauveur-le-Vicomte.

On peut aujourd'hui encore effectuer un «*voyage*» à travers l'œuvre du romancier en traversant la ville de Valognes où l'écrivain loua un hôtel particulier en 1872 et se laisser aller, le soir venant, à une promenade nocturne afin de recréer l'univers baigné de brouillards que le dandy romantique et catholique avait soin de mettre en scène dans ses écrits.

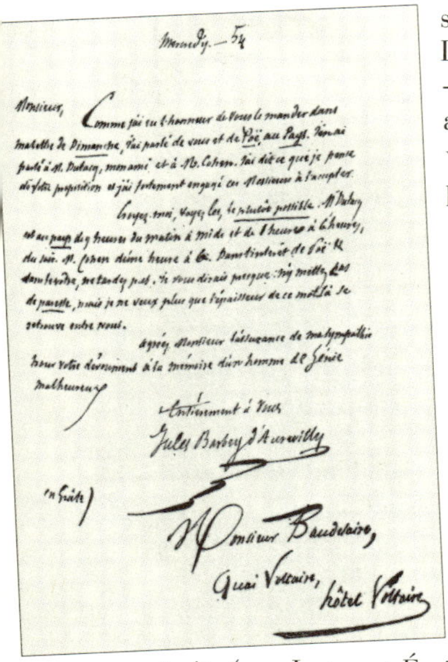
Monsieur,
Jules Barbey d'Aurevilly
Monsieur Baudelaire,
Quai Voltaire, hôtel Voltaire

Le musée Barbey-d'Aurevilly – ancienne demeure familiale ayant appartenu au grand-père de l'écrivain –, à Saint-Sauveur-le-Vicomte, propose une exposition où tous les voyageurs «littéraires» pourront découvrir celui qui manifesta toujours son dégoût pour la «*médiocrité bourgeoise*» de son siècle. Dans cette demeure du XVIIIe siècle, restaurée, où le style Empire de l'époque a été respecté jusque dans les décors de la chambre bleue et de la chambre jaune, fidèlement conservées, sont rassemblés des manuscrits, des autographes, des éditions originales dédicacées, de nombreux portraits (par Justus et Émile Lévy notamment) ainsi que des vêtements (gilets, vestes, pantalons...) qui rappellent le souci d'élégance de l'admirateur de Brummel. Un portrait miniature de Mme Théophile Barbey, mère de l'écrivain, retrouvé sous les décombres en 1944, et l'écusson de chêne sculpté qui ornait le fauteuil de Barbey font partie des curiosités rassemblées ici.

MARIE-LAURE ROINARD

Balbec réel, Cabourg rêvé

Marcel Proust

Cabourg est construit autour de son *Grand Hôtel*. Celui-ci fait face à la mer. Autour de lui, en cercles concentriques, se développe la ville. Elle avait moins d'un demi-siècle quand Marcel Proust (1871-1922) y séjourna de 1907 à 1914. Le Balbec d'*À l'ombre des jeunes filles en fleurs* entretient des liens très forts avec le Cabourg normand; pourtant, l'itinéraire du héros proustien est tout sauf géographique, et le narrateur se fait plus volontiers étymologiste ou herboriste. La «*salle à manger de Balbec, nue, emplie de soleil vert comme l'eau d'une piscine, et à quelques mètres de laquelle la marée pleine et le grand jour élevaient, comme devant la cité céleste, un rempart indestructible et mobile d'émeraude et d'or*» n'est pas sans rappeler la situation, le panorama et la forme de celle du *Grand Hôtel* de Cabourg. De même, la vue qui s'offre au regard du narrateur arrivant à Balbec, «*cette brèche que la plage et les flots pratiquent au milieu du reste du monde pour y faire passer, pour y accumuler la lumière*». Cette lumière qui «*selon la direction d'où elle vient et que suit notre œil, [...] se déplace et situe les vallonnements de la mer*».

À L'OMBRE DES JEUNES FILLES EN FLEURS, 1919

Proust ne s'inspire pas, non plus, d'un seul lieu, quand il élabore l'église de «*Balbec-le-Vieux*» ou «*Balbec-en-Terre*». Cet édifice vers lequel se précipite le jeune estivant à peine descendu du train fait penser à l'église Notre-Dame de Dives. Elle se situe, comme elle, au grand dam du narrateur, en retrait dans les terres et non pas au bord de l'eau : Dives se trouve, en effet, à deux kilomètres de Cabourg. Cet édifice médiéval, aux imposantes dimensions, était le centre d'un pèlerinage : une légende voulait que des pêcheurs aient ramené dans leurs filets l'effigie d'un Christ. Pour le jeune narrateur, «*c'était bien dans la mer que les pêcheurs avaient trouvé, selon la légende, le Christ miraculeux dont un vitrail de cette église qui était à quelques mètres de moi racontait la découverte; c'était bien de falaises battues par les flots qu'avait été tirée la pierre de la nef et des tours*». Et si l'on ne retrouve pas à Dives le modèle exact de l'église de Balbec, le monument propose un bel éventail architectural

avec sa croisée de transept du XIe siècle, sa chapelle à la Vierge du XIVe siècle, sa nef du XVe siècle, ainsi que ses sévères arcades romanes.
Lors de ce premier séjour sur la côte normande, le narrateur parcourt aussi l'intérieur des terres, sans jamais trop s'éloigner de la mer. Ces excursions en voiture pouvaient encore le mener sur *«une route montante entre des terres labourées»* où *«rendant les champs plus réels, leur ajoutant une marque d'authenticité, [...] quelques bleuets hésitants [...] suivaient [la] voiture [...]; plusieurs s'enhardissaient jusqu'à venir se poser au bord de la route et c'était toute une nébuleuse qui se formait»*. C'est en train qu'il traverse le pays quelques années plus tard, lors de son deuxième séjour à Balbec. Malgré la présence de compagnons bavards, la beauté de ce littoral l'émerveille à nouveau. Assis dans son wagon, il admire *«la crête des falaises [qui] scintillait toute rose comme au soleil couchant la neige d'une montagne»*, vue tout aussi précieuse que celle du *«spectacle que le matin on pouvait voir là, [...], à l'heure qui précède le soleil levé, où toutes les couleurs de l'arc-en-ciel se réfractaient sur les rochers»*.

Frédérique Nguyen Huu

À NE PAS MANQUER

Jules Barbey d'Aurevilly

À visiter
Musée Barbey-d'Aurevilly
66, rue Bottin-Desylles, 50390 Saint-Sauveur-le-Vicomte
Tél. 02 33 41 65 18

Se promener
«Un guide nommé Barbey d'Aurevilly»
Parcours littéraire à Valognes sur les pas de Barbey d'Aurevilly organisé par la Maison du Tourisme et du Patrimoine.
Tél. 02 33 40 11 55

Marcel Proust

À voir
Chambre Marcel-Proust
Grand Hôtel de Cabourg
Promenade Marcel-Proust, 14390 Cabourg
Tél. 02 31 91 01 79
Chambre à louer…

À lire
Bernard Coulon, *Promenades en Normandie avec un guide nommé Marcel Proust*, C. Corlet, Condé-sur-Noireau, 1986

BOURGOGNE

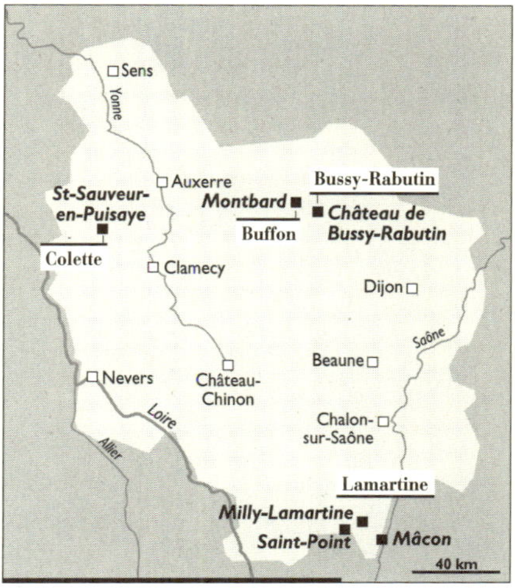

Solide province qui se souvient des fastes de la cour de ses ducs et dont les écrivains sont dotés d'une robuste santé. Bussy-Rabutin, féodal attardé au siècle de Louis XIV, paiera ses insolences d'un exil prolongé sur ses terres. Buffon, de son balcon de Montbard, dirigera son énorme *Histoire naturelle*, tout en surveillant ses forges de près. On trouve Lamartine, moins évanescent qu'il n'y paraît, à Mâcon. Colette, elle, sera hantée toute sa vie par son enfance heureuse passée à Saint-Sauveur-en-Puysaye.

La prison dorée d'un frondeur

Roger de Rabutin, comte de Bussy

Le château de Bussy est posé dans le creux d'un vallon, entouré de tilleuls, avec une belle vue sur le soleil levant. C'est une bâtisse du XVe siècle, flanquée de quatre tours coiffées de lanternes, remaniée à plusieurs reprises au cours des siècles suivants. Elle est construite en fer à cheval. Les deux ailes Renaissance se présentent sous la forme de deux galeries à arcades. Le charme de la demeure tient à la manière dont elle est percée, ouverte de toute part sur une série de parterres récemment replantés. À l'intérieur, le décor est somptueux, avec un petit côté rustique. Les peintures, qui ornent les salons et les galeries, sont essentiellement des portraits d'hommes et de femmes illustres, de grandes amoureuses et de grands capitaines, mais aussi des vues de châteaux célèbres, Versailles, Sceaux, Chambord, Saint Cloud. Des lieux où le propriétaire de Bussy ne peut plus mettre les pieds. Le roi lui a interdit de quitter ses terres.

Roger de Rabutin, comte de Bussy, cousin de la marquise de Sévigné, qu'il essaya en vain de séduire, est un féodal attardé à l'aube de la monarchie absolue. Né en 1618, il est au fait de ce qu'un gentilhomme bien né doit savoir, nous dit son

biographe Jean Orieux : tuer un homme en duel, danser un ballet, investir une place forte, trousser un madrigal, charger bravement à la tête d'un escadron, enlever une riche veuve, composer un sonnet, boire comme un templier et rester maître de soi-même en toutes circonstances. Bussy-Rabutin, par ailleurs fort libertin, c'est-à-dire athée, sait tout cela. Il met point par point ce programme en pratique. Ce qui le conduit droit à la Bastille puis à l'exil.
Le beau Bussy ne comprend pas que les temps ont changé, que l'époque de la Fronde est passée. En 1659, un vendredi saint arrosé et blasphématoire fait scandale à Paris. Son *Histoire amoureuse des Gaules*, écrite pour amuser sa maîtresse, Mme de Montglas, où il met en scène la cour du jeune Louis XIV sous des pseudonymes transparents, lui attire les foudres royales. Il sera exilé dans son château bourguignon, jusqu'en 1682, après un séjour de treize mois à la Bastille. Pendant ces dix-sept ans, il n'aura plus qu'à entretenir une abondante correspondance qui vaut presque celle de son illustre cousine, à rédiger ses Mémoires et à embellir sa demeure.

Histoire amoureuse des Gaules, 1665
Mémoires, 1696

Emmanuel de Roux

Le perchoir de Buffon

Georges Louis Leclerc, comte de Buffon

Deux tours se dressent au sommet de la colline qui domine Montbard, important nœud ferroviaire bourguignon. C'est tout ce qui reste d'un antique château médiéval dont les ruines furent rasées par ordre de son propriétaire : l'illustre Buffon (1707-1788). Le naturaliste ne garda que deux tours : la tour Saint-Louis et celle de l'Aubespin. Au pied de cette dernière s'élève la colonne élevée en 1785 par son fils, pour honorer son père.
À l'emplacement du château, le naturaliste fit planter un jardin «pittoresque», en terrasses étagées jusqu'au seuil de son domicile, situé en contrebas dans la ville. Ce dernier est en cours de rénovation, et des fouilles archéologiques permettent d'exhumer certaines salles de l'ancienne construction.
L'une des tours servait d'observatoire au savant, l'autre de bibliothèque. Une maisonnette située à l'entrée du jardin était aménagée en cabinet de travail. Rousseau, admirateur du grand homme, n'en voulut franchir le sol qu'à genoux.

Le domicile de Georges Louis Leclerc, seigneur puis comte de Buffon, se situait dans la partie basse de sa ville. Ce fils d'un conseiller au parlement de Bourgogne, fort riche, fait des études de médecine à Angers, voyage en France, en Suisse et en Italie, envoie des communications à l'Académie des sciences, s'intéresse à la sylviculture et obtient la charge de surintendant du Jardin du roi (notre Jardin des Plantes) en 1739. Il a trente-deux ans. Pendant sa longue vie – il mourra à la veille de la Révolution, en 1788 –, il partagera son temps entre Paris et Montbard, gérant au mieux ses propres affaires et dirigeant, à partir de 1749, l'énorme publication de son *Histoire naturelle* dont il écrira lui-même de nombreux chapitres. Le dernier volume sera publié en 1788, au lendemain de sa mort.

***Histoire naturelle*, 1749-1788**

La maison natale de Buffon, réaménagée de fond en comble et à grands frais par le naturaliste, est en train de devenir un musée. Celui-ci est provisoirement installé dans les anciennes écuries, en bout d'un îlot urbain dont Buffon annexera peu à peu toutes les maisons. Du haut de son perchoir, le savant pouvait presque apercevoir, à sept kilomètres de là, les forges qu'il avait fait installer sur ses terres. Les bâtiments préindustriels sont toujours debout. Un petit musée explique l'origine de cette folle entreprise qui coûta beaucoup d'argent à Buffon. Les grilles du Jardin des Plantes de Paris auraient été fondues ici.

Buffon au milieu de quelques-uns de ses objets d'étude, de A. Duruy.

Afin de profiter pleinement de cette visite, il faut avoir en poche le petit opuscule de Hérault de Séchelles intitulé *Voyage à Montbard*, une entrevue narrée par le jeune avocat (et futur conventionnel), sur un mode élogieux et subtilement assassin.

EMMANUEL DE ROUX

Milly, la voix d'un ami

Alphonse de Lamartine

Alphonse de Lamartine est né à Mâcon, en 1790, dans une petite maison au 18 de la rue des Ursulines. Mais le poète, qui ne cessa de brouiller les pistes dans ses multiples confessions, aime à faire de Milly, petit village du Mâconnais qui abrite la demeure familiale, sa «*terre natale*». Le village a d'ailleurs pris le nom de Milly-Lamartine au début du XIXe siècle. De tous les domaines dont il héritera de ses oncles, c'est celui-ci, pourtant modeste, qu'il chérit le plus. C'est d'ailleurs la seule de ses demeures qu'il élève au rang d'objet proprement poétique, dont le nom «*résonne dans [son] âme attendrie / Comme les pas connus ou la voix d'un ami*» (*Milly ou la Terre natale*). Lorsqu'il doit s'en séparer, pressé par ses créanciers, en 1860, c'est un véritable crève-cœur. Dix années auparavant, il avait déja dû mettre en vente son domaine, composé de «*deux maisons de maîtres, trente maisons de cultivateurs, bâtiments, celliers, granges, cuves, foudres, pressoir, caves et ustensiles d'exploitation, d'un revenu approximatif de 24 000 francs*», ainsi que le stipule laconiquement l'annonce parue à l'époque dans *Le Conseiller du peuple*, une feuille locale. L'évocation de sa mère, une vie de campagnard et de chasseur au milieu des vignerons, le souvenir de ses promenades sur les sentiers rocailleux l'attachent à cette terre. Les chênes et les coteaux qui entourent Milly sont bien plus qu'un décor pour le poète : un cimetière de souvenirs, le sésame qui ouvre aux émotions de l'enfance. C'est dans cette nature minérale que la *Méditation de l'isolement* voit le jour.

Les Nouvelles Confidences, 1851

Lamartine, de l'aveu de sa mère, n'aimait pas «*le séjour à Mâcon*». Enfant, il passe les hivers dans l'une ou l'autre des deux résidences familiales de la ville, qui lui reviendront plus tard en qualité de seul héritier mâle. Au n° 3 de la rue Bauderon-de-Senecé se trouve l'hôtel patrimonial, qui appartint un temps à François-Louis, «*l'oncle terrible*» dont il trace le portrait dans *Les Nouvelles Confidences*. Cette grande maison bourgeoise de trois étages, à la porte de bois sculptée, fut construite par le grand-père de Lamartine. L'autre est l'hôtel d'Ozenay, situé au n° 15, rue Lamartine – ainsi baptisée du vivant du poète en 1842. Demeure austère, elle ne se distingue de l'extérieur que par la frise d'acanthes qui surmonte sa porte. Mais elle est riche de souvenirs : Lamartine, qui en devint propriétaire en 1830, y vécut jusqu'à son mariage. Il y écrit certaines des *Méditations poétiques* dans le cabinet des Muses, sous le regard de bustes sculptés qu'on peut maintenant voir au musée Lamartine. Ses parents y sont morts et sa fille y est née. L'ennui qui pèse sur Mâcon et l'«*horizon étroit bien arrangé de province*» étouffent ce jeune homme aux «*ailes larges comme le monde*» (*Les Nouvelles Confidences*). Il n'aspire qu'à Paris, aux conquêtes féminines et au jeu. Pourtant, malgré les voyages qui jalonnent sa carrière de diplomate en Italie, puis d'homme politique – en 1837, il devient député de Mâcon –, c'est dans sa région natale qu'il revient toujours, comme aimanté par son «*nid*». Seule la ruine viendra à bout de ses réticences à vendre ses terres.

MÉDITATIONS POÉTIQUES, 1820

Outre Milly, le lieu le plus important pour le poète est le domaine de Saint-Point que lui a donné son père en guise de dot pour son mariage. C'est le dernier domaine qu'il garde, pour le léguer à sa nièce Valentine de Cessiat. Cette vaste bâtisse médiévale flanquée de deux tours rondes, située non

Le Château de Saint-Point (détail), de Pernot, 1838.

loin de Milly, à la limite du Mâconnais, dans une vallée granitique irriguée par la Valouze, constitue sa résidence principale de 1823 au début de sa carrière politique, dix ans après – il choisit alors la résidence de Monceau, plus proche de Mâcon. D'année en année, au rythme de ses séjours, il la restaure à son goût, faisant construire pavillon, terrasse, porche d'inspiration néogothique et chapelle funéraire. «*Toutes les fois que j'arrive à Saint-Point ou que j'en pars, j'y viens dire à genoux un salut ou un adieu à ces chers hôtes de l'éternelle paix, sur ce seuil intermédiaire entre leur exil et leur félicité.*» Il y repose aux côtés de ses proches. Le château, qui est resté propriété de sa descendance, abrite maintenant des objets et des meubles ayant appartenu au poète.

SANDRINE AZOULAY

SAINT-SAUVEUR-EN-PUISAYE

Sidonie Gabrielle Colette

«*Et pourquoi cesserais-je d'être de mon village?*», s'interroge Colette dans les premières lignes de *Sido*. Même mariée et exilée à Paris, s'est-elle jamais séparée de son village, de sa maison et des paysages de la Puisaye ? L'écrivain, à travers ses multiples vagabondages, restera toujours «*de [son] village*».

Colette est née, en 1873, à Saint-Sauveur-en-Puisaye, rue de l'Hospice, dans cette «*grande maison grave, revêche avec sa porte à cloche d'orphelinat, son entrée cochère à gros verrou de geôle ancienne, maison qui ne souriait que d'un côté*» (*La Maison de Claudine*). Son père est un ancien capitaine des zouaves, unijambiste, bourru. Sa sœur et ses deux frères sont plus âgés qu'elle, mais le personnage central de la famille est Sido, la mère, confidente et refuge, dont la chaleur fera cruellement défaut à l'enfant devenue femme, la mère qui «*aimait au jardin le rouge, le rose, les sanguines filles du rosier, de la croix-de-Malte, des hortansias*» (*Sido*).

SIDO, 1930
LA MAISON DE CLAUDINE, 1922

Lieu privilégié, le jardin est au centre des occupations de la famille tout entière : «*On y vivait l'été, on y lessivait ; on y fendait du bois l'hiver, on y besognait en toutes saisons*» (*Sido*). Il abrite également les jeux des enfants que cherche en vain

Sido, et qui sont pourtant là, trop bien cachés «*parmi les feuillages du noyer [...], allongés comme un matou sur une grosse branche*» ou nichés dans «*les cimes jumelles des deux sapins*» (*La Maison de Claudine*). Dans cet éden clos vivent, dans une harmonie confuse, fleurs et fruits, animaux, enfants et parents.

Sidonie-Colette à 15 ans.

On retrouve aussi la «*Petite*» à l'intérieur de «*la maison sonore et sèche, craquante comme un pain chaud*», tour à tour, dans «*[sa] tanière enfantine – une ancienne logette de portier à grosses poutres, carrelée, suspendue au-dessus de l'entrée cochère et commandée par la chambre à coucher de [sa] mère*» ; ou encore dans la bibliothèque du père, «*cette pièce maçonnée de livres*» dont le mur «*était jaune, du jaune sale des dos de livres brochés, lus, relus, haillonneux*» (*La Maison de Claudine*).

La vie de l'enfant ne se réduit cependant pas à l'univers douillet constitué par la chaude demeure, elle est également faite d'escapades en forêts. Colette et ses frères, tels qu'ils apparaissent dans la série des Claudine, sont des enfants qui battent et explorent la campagne avec une sorte de frénésie : «*J'ai vécu dans ces bois dix années de vagabondages éperdus, de conquêtes et de découvertes [...].*» (*Claudine à l'école*) Lors du traditionnel «*dimanche-aux-champs*», les têtes ébouriffées ne s'attardent que peu en compagnie de leur parents «*au bord de l'étang [...], sur l'herbe fine et jonceuse rougie de bruyère [...]*» (*Sido*). Ils s'éloignent vite et laissent aux adultes le soin d'admirer le décor mêlant eau et verdure qu'offre la Puisaye. Loin des sentiers battus les enfants «*ne rentraient que par des sentes de traverses, des prés marécageux et bleus ; coupant par les sablières, les ronciers*» (*La Maison de Claudine*).

CLAUDINE À L'ÉCOLE, 1900

C'est plus souvent seule, que Colette goûte, véritablement, les trésors de la forêt : «*au fond des bois clairsemés, rougis de flaques de bruyères [...], je glanais la mûre, la merise, ou la fleur, je battais les taillis et les prés gorgés d'eau en chien indépendant qui ne rend pas de comptes...*» (*La Maison de Claudine*). Si la forêt change de visage suivant les saisons, elle offre toujours à la fillette de quoi remplir ses yeux et ses poches : «*un automne froid et calme pâlissait le ciel sans*

nuages, la jument prenait le pas à chaque côte et je sautais à terre, pour cueillir aux haies la prunelle bleue, le bonnet carré couleur de corail, et ramasser le champignon blanc, rosé dans sa conque comme un coquillage. Des bois que nous longions sortait un parfum de truffe fraîche et de feuille macérée» (*La Maison de Claudine*).
Dans le château de Saint-Sauveur, un musée dédié à Colette rassemble photos et objets (notamment sa collection de papillons) évoquant son souvenir – sa maison natale de la rue de l'Hospice, rebaptisée rue Colette, ne se visite pas. C'est avec ses livres (les *Claudine*, *Les Vrilles de la vigne* ou *Sido*) qu'il faut découvrir ce pays qui ne se livre guère. «*Tu le chercherais en vain*, écrit Colette à un ami. *Tu ne verrais qu'une campagne un peu triste qu'assombrissent les forêts, un village paisible et pauvre, une vallée humide, une montagne bleuâtre qui ne nourrit pas même les chèvres.*»
Cette contrée de bois et d'eau est comme fertilisée par la voix de Colette : «*Je m'en allais, un panier vide à chaque bras, vers les terres maraîchères qui se réfugiaient dans le pli étroit de la rivière, vers les fraises, les cassis et les groseilles barbues. À trois heures et demie, tout dormait dans un bleu originel, humide et confus, et quand je descendais le chemin de sable, le brouillard retenu par son poids baignait d'abord mes jambes, puis mon petit torse bien fait, atteignait mes lèvres, mes oreilles et mes narines.*» (*Sido*)

FRÉDÉRIQUE NGUYEN HUU

Sidonie-Colette et son demi-frère Achille dans le jardin de Saint-Sauveur-en Puisaye.

À NE PAS MANQUER

Bussy-Rabutin

À visiter
Château de Bussy-Rabutin
Bussy-le-Grand, 21150 Les Laumes
Tél. 03 80 96 00 03

Buffon

À visiter
Musée Buffon et Parc de Montbard
21506 Montbard
Tél. 03 80 92 50 42
À visiter
Forges de Buffon
La Grande Forge, 21500 Buffon
Tél. 03 80 89 40 30

Alphonse de Lamartine

À visiter
Musée Lamartine
41, rue Sigorgne, 71000 Mâcon
Tél. 03 85 38 90 38
À visiter
Maison de Milly
71960 Milly-Lamartine
Tél. 03 85 37 70 33
À visiter
Château de Saint-Point
71630 Tramayes
Tél. 03 85 50 50 30

Colette

À visiter
Musée Colette
Château, 89520 Saint-Sauveur-en-Puisaye
Tél. 03 86 45 61 95
À voir
Maison natale de Colette
Rue Colette, 89520 Saint-Sauveur-en-Puisaye
Se promener
«Les sentiers Colette». Rens. au musée Colette.
À écouter
Ma Mère et les bêtes (livre-cassette), de Colette et lu par Colette, Éd. Des Femmes, La Bibliothèque des Voix, 1981

BRETAGNE

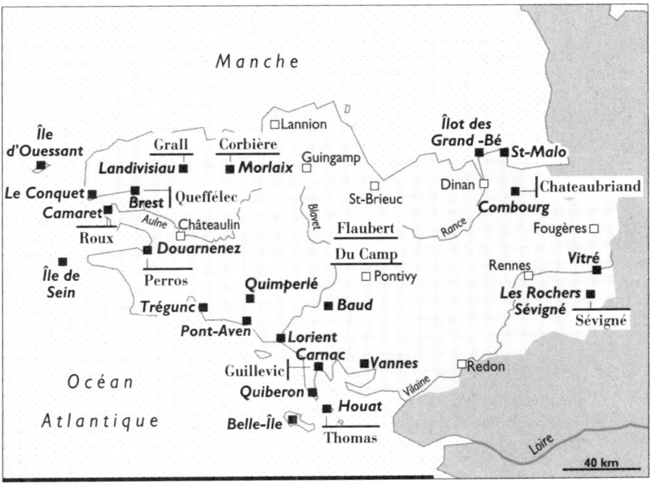

C'est l'extrême Occident de la péninsule européenne, une terre celtique et battue de tempêtes. Cette province a donné naissance au premier des romantiques français – Chateaubriand – mais aussi à quelques écrivains au lyrisme têtu – de Xavier Grall à Henri Thomas, en passant par Georges Perros. Flaubert l'a explorée à pied avec son ami Maxime Du Camp. Saint-Pol Roux, le Méditerranéen, y a trouvé refuge jusqu'au drame où il perdit sa fille.

La Bretagne dans l'imaginaire français

Longtemps ignorée, voire méprisée, la Bretagne a fait une percée remarquée dans l'imaginaire français depuis le XIXe siècle. Ici chantent le vent et la mer, ici les écrivains ont trouvé un compromis entre insularité et liberté, entre écriture et religion. Pour les retrouver, il suffit de longer les côtes et d'aborder ses îles.

Pour Chateaubriand (1768-1848), l'un des plus illustres de ses fils, c'est la terre de ses pères mais surtout la matière de ses songes, nés à l'ombre des toits de Combourg ou sur les remparts de Saint-Malo. Toute sa vie, il recherchera sa «Sylphide», à la fois muse et modèle féminin, figure inaccessible, aperçue pendant son adolescence dans un bocage breton. Le chant de l'alouette, leitmotiv qui court à travers toute son œuvre, rappelle ce paradis perdu. Sa tombe, longuement préparée, sur l'îlot du Grand-Bé, fait partie du panorama chanté, de nos jours, par Xavier Grall (1930-1981) dans son *Rituel breton*: «*Par les landes et par les grèves, par-dessus les noirs clochers de Saint-Pol-de-Léon et les hauts murs de Saint-Malo*» et qui englobe l'estuaire de la Rance et la Côte d'Émeraude. Plus loin, vers Saint-Brieuc, on observera les oiseaux marins qui nichent sur l'îlot du Verdelet. À Morlaix plane encore l'ombre de Tristan Corbière (1845-1875), le poète des *Amours jaunes*, flibustier des lettres, «*mélange adultère de tout*» (Jules Laforgue), mort à trente ans de tuberculose. Avant d'atteindre Brest, où on ne manquera pas de faire une halte au jardin de Kerbonne et au belvédère Saint-Anne-de-Portzic qui domine toute la rade, il faut faire une halte à Landivisiau, ville natale de Xavier Grall, poète incandescent qui n'a jamais voulu avoir devant les yeux que l'horizon de sa province: «*Bretagne ma demeure*».

Xavier Grall, *Rituel breton*, 1986

Tristan Corbière
Les Amours jaunes, 1873

Pour Saint-Pol Roux (1861-1940) le Marseillais, la Bretagne est un choix. En 1883, il découvre Vannes et ses ruelles médiévales. Un peu plus tard, en 1898, il s'installe, avec sa famille, à l'ouest du Finistère, dans le village de Roscanvel (pointe des Espagnols). Depuis 1905, il vit retiré dans son manoir de Camaret, à qui il allait donner le nom de

Saint-Pol Roux devant son manoir de Camaret.

Coecilian : celui de son premier fils mort devant Verdun. Cantonné dans sa presqu'île, entre la pointe de Saint-Mathieu et la pointe de Pen-Hir, le poète provençal s'abandonne «*à la vie de la brise sur l'être et du matin dans l'âme*» et compose les *Féeries intérieures*, où il avoue préférer l'image à la raison, les paysages de pierres et d'ajoncs à la clarté méditerranéenne. Considéré comme un précurseur par André Breton, il sort peu de sa retraite : à Paris pour assister à un banquet (1925) où les surréalistes se déchaînent ; pour célébrer les alignements de Lagatjar, proche de Camaret

Saint-Pol Roux,
Les Féeries intérieures, 1907
Menhirs, 1928

(*Menhirs*). Ses dernières années furent tragiques. En 1940, dans les premiers mois de l'occupation allemande, sa fille Divine fut violée puis assassinée par un soldat de la Wehrmacht. Saint-Pol Roux ne lui survécut que quelques mois. Quant au manoir, il fut détruit en 1944, par un bombardement allié.

Par la «route des Phares et des Balises», la côte bretonne et ses îles nous invitent à la découverte du paysage maritime. Dressant ses falaises à soixante mètres au-dessus des flots, l'île d'Ouessant, après le «passage obligé» à Camaret et dans l'archipel de Molène, nous accueille au bout de l'Europe. Le romancier Henri Queffélec (1910-1992), natif de Brest, a longuement décrit cette côte. Dans *Un homme d'Ouessant*, il donne son vrai visage à l'«île aux six phares» : «*dans le creux de Lampaul s'élevait une quinzaine d'arbustes réunis en un bocage malingre et redoutable. C'était un spectacle si extraordinaire. Nul n'aurait osé porter la main dessus. Pour ne pas être tenté, on ne les regardait pas, on taisait leur existence.*» Aujourd'hui, plus aucun arbre n'arrête le regard. «*Des buissons d'épines, des landes, des genêts, des fougères, voilà toutes les forêts de la grande table irrégulière que les vents bala[ient] d'un revers de main. [...] L'île repos[e] à même la sauvagerie du monde comme l'œuf de la mouette sur la pierre de la grotte, le poisson dans l'épaisseur de la mer.*» À la nuit tombante, on peut remarquer «*un soleil rose-œillet-des-dunes gliss[ant] comme un carrelet dans le sable du ciel*».

Henri Queffélec,
Un homme d'Ouessant, 1953
Tempête sur Douarnenez, 1951
Un recteur de l'île de Sein, 1945

Sur le continent, longeant la baie de Douarnenez, qui s'étend de la presqu'île de Crozon jusqu'au cap Sizun, les immenses plages cernées de pointes rocheuses rappellent encore quelques passages du roman d'Henri Queffélec *Tempête sur Douarnenez*. De là, on peut directement rejoindre Audierne après avoir profité de la pointe du Raz, pour se rendre à l'île de Sein, la «grande princesse» d'*Un recteur de l'île de Sein* : «*Longue et pleine de présences humaines, elle s'étirait sur la mer [...] comme une oasis.*» Après Quimper où Saint-Pol Roux rencontra pour la dernière fois son ami Max Jacob (1939), on redescendra vers Concarneau d'où l'on peut accéder à l'archipel des Glénan et suivre ainsi l'itinéraire emprunté par la poésie de Xavier Grall : *«Les oiseaux des Glénan / Et le sourire de Concarneau.»* (*Rituel breton*) Pont-Aven, Quimperlé et Lorient dépassé, on atteint Carnac, dans le Morbihan. Ici, les petites criques et les pointes rocheuses, les chemins bordés de genêts, les maisons trapues et les petites chapelles de granit forment un paysage hors du temps, veillés par trois mille menhirs dressés au milieu de la lande. C'est ici qu'Eugène Guillevic (1907-1997) a souvent trouvé son inspiration poétique : *«Oui, je t'ai vu sauvage, hors de ta possession, / devant endosser les assauts du vent»* (*Carnac*), crie-t-il à l'océan scruté depuis Carnac, sa ville natale. Pour terminer ce périple de la Bretagne maritime, il faut laisser Quiberon, rejoindre Belle-Île, son plateau venteux et ses falaises, pour gagner Houat, l'île de prédilection d'Henri Thomas (1912-1993) qui y savoura *«la terre déchiquetée [...], la plénitude qui vient de l'union de la mer et des fragments de terre émergés, respirant ensemble aux marées»*.

Eugène Guillevic, *CARNAC*, 1961

MARIE-LAURE ROINARD

Le salon de verdure de la marquise

Marie de Rabutin-Chantal, marquise de Sévigné

Aux confins de la Bretagne, à quelques kilomètres à l'est de Rennes, non loin de Vitré, se dressent les Rochers, élégante demeure flanquée de tours et de tourelles avec à ses côtés une chapelle, baptistère en miniature. Le bâtiment, composé de deux ailes en équerre, fut construit au XIVe siècle puis remanié trois cents ans plus tard. Il est composé d'un ensemble de constructions curieusement emboîtées les unes dans les autres. Ce château hétéroclite n'a rien d'imposant. Et son charme repose en partie sur ce manque d'unité : tourelles pointues dominées par une tour plus massive, ailes de différentes

Le château des Rochers-Sévigné.

hauteurs, l'une austère, tout en hauteur, l'autre, plus longue, moins élevée, percée d'ouvertures. Mais ce que la propriétaire des lieux, Mme de Sévigné (1626-1696), semblait apprécier le plus, c'était ses bois qu'elle remodèlera plus tard pour en faire un parc régulièrement planté, sur un dessin de Le Nôtre, dit-on, ponctué d'allées propices à la promenade et à la rêverie solitaire.

Ces *«belles allées»* représentent pour elle un havre de paix et de réconfort. Elle vante à sa fille leurs qualités : *«Il me plaît de m'y promener le soir jusqu'à huit heures ; mon fils n'y est plus ; cela fait un silence, une tranquillité et une solitude que je ne crois pas qu'il soit aisé de rencontrer ailleurs.»* Elle avait été jusqu'à leur donner des noms comme *«l'humeur de ma mère»*, *«l'humeur de ma fille»* ou encore *«l'infini»* et *«la solitaire»* – sa préférée. La nature qui environne *«cette province pleine de noblesse»* émerveille la marquise qui admire tour à tour son propre ouvrage – *«mes petits arbres sont d'une beauté surprenante. [...] Tout de bon, rien n'est si beau que ces allées que vous avez vues naître»* –, ou celui, bien plus surprenant, du printemps – *«Que pensez-vous que soit la couleur des arbres depuis huit jours ? Répondez. Vous allez dire : "Du vert." Point du tout c'est du rouge. Ce sont de petits boutons, tout prêts à partir, qui font un vrai rouge ; et puis ils poussent tous une petite feuille, et comme c'est inégalement, cela fait un mélange trop joli de vert et de rouge.»*

Loin des salons parisiens, et plus loin encore de sa chère fille, Mme de Grignan, «exilée» en Provence, la marquise se console en admirant les contrastes de la nature : *«J'étais au bout de l'allée*, écrit-elle, *admirant la beauté du soleil, quand je vis sortir du couchant un nuage noir et poétique, en même temps qu'un brouillard affreux.»* L'hiver, elle se cantonne *«au coin de [son] feu, lisant ou causant avec [son] fils et sa femme»* ou bien en écrivant, au calme, dans sa chambre qu'on appelait le «*cabinet vert*». Ses amis parisiens ne l'oublient pas. Et son cousin, le turbulent Bussy-Rabutin, lui envoie des épîtres en vers :

«Salut à vous / gens de campagne,
À vous, immeubles de Bretagne,
Attaché à votre maison
Au-delà de toute raison.
Salut à tous deux / quoique indignes
De nos saluts et de ces lignes,
Mais un vieux reste d'amitié
Nous fait avoir de vous pitié,
Voyant le plus beau de votre âge
Se passer en votre village,
Et que vous passez aux Rochers
Des moments à tous autres chers.»

Et le gentilhomme de se demander, en conclusion, les raisons d'une telle retraite :

«Peut-être que vos cœurs tranquilles,
Censurant l'embarras des villes,
Goûtent aux champs en liberté
Le repos et l'oisiveté.»

FRÉDÉRIQUE NGUYEN HUU

La Bretagne, poitrine nue et sac au dos

Gustave Flaubert et Maxime Du Camp

Pendant trois mois, du 1er mai au 6 août 1847, deux hommes s'en vont courir la Bretagne, «*poitrine nue et la chemise bouffant à l'air, la cravate autour des reins, le sac au dos, blancs de poussière, hâlés par le soleil, souliers ferrés aux pieds, gourdin en main, fumée aux lèvres et fantaisie en tête*». Sur la route, Gustave Flaubert (1821-1880) et Maxime Du Camp (1822-1894) prennent des notes qui doivent nourrir

Frontispice de *La Bretagne*, d'A. Darjou, 1899.

un récit à quatre mains. À leur retour, ils se partagent le travail. Flaubert écrit les chapitres impairs, Du Camp les chapitres pairs. L'ouvrage ne sera connu du public qu'après la mort des écrivains.

Par les champs et par les grèves nous mène du Morbihan en Finistère, des Côtes-d'Armor en Ille-et-Vilaine. On peut redécouvrir ce cheminement composite. Les deux amis marchent au gré de leur fantaisie : «*Nous prîmes la clef des champs, et, sans guide ni renseignement quelconque (c'est là la bonne façon), nous nous mîmes à marcher, décidés à aller n'importe où, pourvu que ce fût loin, et à rentrer n'importe quand, pourvu que ce fût tard.*» Où qu'ils se trouvent, rivages escarpés ou plages, l'océan les happe. À Carnac, trois jours passent où ils ne feront que se promener au bord de la mer : «*Nous ouvrions nos poitrines, nous humions le parfum des*

PAR LES CHAMPS ET PAR LES GRÈVES, 1885

vagues, douce et âcre senteur mêlée d'eau, de brise et d'herbes.» Les deux promeneurs évitent généralement les sites répertoriés. L'archéologie celtique les désespère, les alignements mégalithiques les font bâiller: *«Voilà donc ce fameux champ de Carnac qui a fait écrire plus de sottises qu'il n'y a de cailloux.»* Ils contournent également les grandes villes, Brest et Rennes, qui ne les enchantent guère. Ce ne sont pas des escales pour ces amoureux de la nature, l'énormité de l'arsenal brestois *«encombre l'âme d'ennui et lasse la vue»*.
Ils préfèrent s'attarder à Quimperlé, *«une des bonnes fortunes»* de leur voyage qui devient sous leur plume un *«sujet d'aquarelle [...]. Des petites rues qui serpentent comme des sentiers entre de vieux murs d'où retombent les bouquets de feuillage et des grappes de clématite»*, les deux rivières entourant la ville forment *«comme un cercle d'argent»*. À Quiberon, les deux compagnons sont impressionnés par le cimetière: *«Il est plein, il regorge, il fait craquer ses murs, il déborde dans la rue. Les pierres tassées se brisent aux angles et montent les unes sur les autres, s'envahissent, se submergent et se confondent, comme si les morts, gênés dessous, soulevaient leurs épaules pour sortir de leurs tombeaux. On dirait de quelque océan pétrifié de ces tombes sont les vagues et les croix seraient les mâts des vaisseaux perdus.»*
La nature, voilà le grand mot des deux jeunes romantiques. À Belle-Ile, grisés, ils marchent quatorze heures de rang, se perdent et chantent *«libres comme au désert! Ah! de l'air! de l'air! de l'espace encore! Puisque nos âmes serrées étouffent et se meurent sur le bord de la fenêtre [...]. Laissez s'en aller mes yeux vers tous les horizons»*. Ils renouent avec la *«vraie liberté»*, *«celle qui consiste à dire ce qu'on veut, à penser tout haut à deux, et à marcher à l'aventure en laissant derrière vous le temps passer sans plus s'en soucier que de la fumée de votre pipe qui s'envole»*. Les roches sont un spectacle dont ils ne se lassent pas: *«Nous nous cramponnions de nos mains qui glissaient, de nos pieds qui se crispaient en vain sur leurs aspérités visqueuses.»* Et les grottes s'ouvrent devant leurs yeux ébahis.
Au bout du Finistère, ils vont tester la pierre branlante de Trégunc, près de Concarneau, *«que les maris autrefois venaient ébranler pour savoir à quoi s'en tenir sur le compte de la chasteté de leurs épouses. [...] Elle est restée inébranlable à nos coups»*, et poussent au phare de Brest, jusqu'à l'extrême limite de l'ancien monde. *«Derrière vous est toute l'Europe, toute l'Asie; devant vous c'est la mer et toute la mer. [...] Ici plus rien n'arrête. Rapide comme le vent, la*

pensée peut courir, et s'étalant, divaguant, se perdant, elle ne rencontre que des flots.»
Retour à la littérature, au Conquet, dans la cour du château de Joyeuse-Garde, où ils évoquent Shakespeare. Saint-Malo ressemble à «*une couronne de pierres posée sur les flots dont les mâchicoulis sont les fleurons*». Flaubert et Du Camp apprécient la promenade des remparts et se rendent, par la jetée, dans le quartier Saint-Servan et au château de Solidor. Là, une espèce de malaise voluptueux s'empare d'eux, «*mêlé de crainte et de plaisir, d'orgueil et d'effroi, lutte de l'esprit qui jouit des nerfs qui souffrent*». À marée basse, au soleil couchant, ils se rendent sur la tombe (encore vide) de Chateaubriand sur l'îlot du Grand-Bé. «*Nous avons tourné autour du tombeau, nous l'avons regardé comme s'il eût contenu son hôte, nous nous sommes assis à ses côtés. [...] Son immortalité sera comme fut sa vie, déserte des autres et tout entourée d'orages. [...] Le cœur de René devenu froid, lentement, s'éparpillera dans le néant, au rythme sans fin de cette musique éternelle.*»
À Combourg, devant le château, point d'orgue de leur périple qui s'achève, Flaubert entonne un fervent hommage à Chateaubriand : «*Assis sur l'herbe, au pied d'un chêne, nous lisions René.*»

ANNE ROUTIN

À Douarnenez, le bistrot vert de Perros

Georges Perros

Il avait quitté Paris à la fin des années 1950, comme on cherche une terre promise – une sorte d'oasis pour exorciser les mélancolies et conjurer les détresses. Direction : Douarnenez... Allait-il se plaire là-bas, ou moins se déplaire ? Sait-on jamais avec les caprices, les mystères de la géographie ? Et le miracle s'est produit. Appelez cela comme vous le désirez : coup de foudre, magie, rendez-vous avec soi... «*La Bretagne*, dit Georges Perros

Le port de Douarnenez.

(1923-1978), *est un rêve que j'ai fait. Peut-être dans une vie antérieure, peut-être dans le cours bizarre de celle-ci, peut-être dans une vie future? Mais il est sûr que c'est la Bretagne qui a donné un décor précis à ce rêve.»* (*Papiers collés*) C'étaient probablement les dieux du football ou ceux des bistrots qui avaient fait à Perros cette faveur. En effet, lorsqu'il ne sillonnait pas les routes bretonnes sur sa moto, pour aller dire bonjour à l'océan Atlantique et se promener au cimetière Saint-Jean de Tréboul, qui deviendra sa résidence définitive en 1978, il fréquentait les cafés – notamment le petit bistrot vert de la place des Halles, et *Chez Mamie-Rose*, sur le port du Rosmeur. Il adorait les conversations tardives devant le comptoir, quand passent les anges et que s'annonce l'heure des aveux. Il venait également sur les bords des terrains de football, pour soutenir les équipes locales. Il aimait particulièrement le stade de Penmarch, à peine protégé des tempêtes. Passionné de cyclisme autant que de football, Georges Perros

PAPIERS COLLÉS, 1960, 1973, 1978

faisait l'éloge d'Eddy Merckx dans *Le Télégramme de Brest* et donnait des cours à la faculté des lettres de cette ville – des «*cours d'ignorance*», disait-il.
Sans doute faisait-il ressentir ou pressentir à ses élèves la manière dont le ciel et la mer se mariaient en Bretagne. C'est là, dans des mansardes de Douarnenez, et aux HLM de la place des Dames, ou à la maison des *plomarchs*, qu'il a écrit son chef-d'œuvre – trois volumes de réflexions et de rêveries qu'il appelait modestement des *Papiers collés*. Car il pensait que son genre littéraire avait mauvais genre.

FRANÇOIS BOTT

À NE PAS MANQUER

François-René de Chateaubriand

À visiter
Château de Combourg
23, rue des Princes, 35270 Combourg
Tél. 02 99 73 22 95
À voir
Le Grand Bé
Tombeau de Chateaubriand
35400 Saint-Malo
Se visite toute l'année,
exclusivement à marée basse.

Henri Queffélec

À savoir
Les Amis de Henri Queffélec
Palais de Chaillot, 75116 Paris

Madame de Sévigné

À visiter
Château des Rochers-Sévigné
Route d'Argentré-du-Plessy, 35500 Vitré
Tél. 02 99 96 76 51

Georges Perros

À voir
Maison des Plomarchs
29100 Douarnenez
La maison où Georges Perros travailla les dernières années de sa vie. Aujourd'hui, un gite d'étape à louer… et des poèmes à y lire.

CENTRE

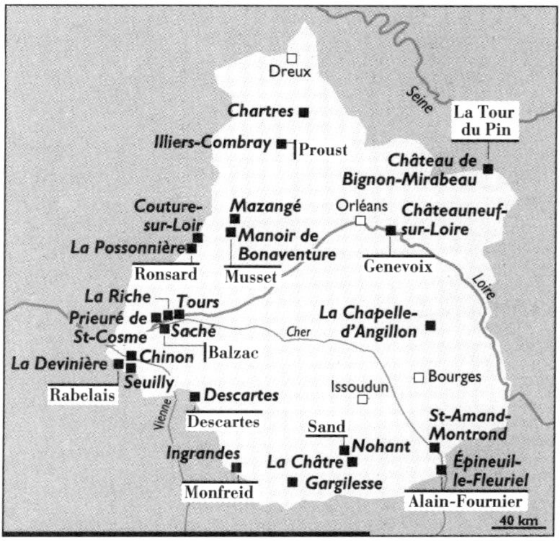

Une région riche en auteurs disparates. Au nord, du côté de la Beauce, Illiers est devenu Combray, grâce à Marcel Proust. Au sud, le Berry et ses sorciers, bastion inexpugnable de la prolifique George Sand. Dans la vallée de la Loire, les demeures d'écrivains sont aussi nombreuses que ses châteaux : on y trouvera les souvenirs de Ronsard, Rabelais, Musset, Balzac, Alain-Fournier, Maurice Genevoix et Patrice de La Tour du Pin. Il faut une bibliothèque entière pour parcourir ces quelques kilomètres.

Nohant, un nid en Berry

George Sand

Peu de choses, dit-on, ont changé en Berry, le pays de George Sand (1804-1876). Aujourd'hui encore, il est possible de partir sur les traces de l'écrivain, son œuvre champêtre dans un grand sac – elle est abondante. Pour la bonne dame de Nohant, qui fait volontier étalage de la simplicité de ses sentiments, le Berry est une invitation au repos, à l'émerveillement de l'âme. Bien qu'*«humble et obscure»*, il n'est pas de région plus *«propice au fonctionnement normal et régulier de la vie physique et morale»*. Elle invite à la découverte d'un pays, protégé de la perversion moderne par des traditions enracinées, une rusticité intacte, des légendes et des secrets bien gardés.

Nohant, à trente kilomètres au sud de Châteauroux, est la première station obligée du pèlerin sandien. *«Cette terre de Nohant où j'ai été élevée, où j'ai passé toute ma vie et où je souhaiterais pouvoir mourir...»*, confesse George Sand. La belle demeure bourgeoise date du XVIIIe siècle. Elle vieillit à l'ombre des grands arbres. Le jardin vient d'être refait avec un soin remarquable en privilégiant son côté à la fois rustique et romantique. La bonne hôtesse réunissait autour d'elle un véritable cénacle artistique. Delacroix, Flaubert, Tourgueniev, Liszt, Balzac, Gautier y ont séjourné. Cette «maison-château» nous permet de comprendre le quotidien de la romancière, qui y passa quarante et une années de son existence. Elle en aimait le silence, la nature désordonnée et la modeste architecture. Dans cette thébaïde toujours pleine, souvent agitée de crises et de larmes dues à la vie sentimentale agitée de ses hôtes, l'écrivain a noirci, soir après soir, des milliers de pages.

En quittant Nohant, il faut prendre la direction d'Issoudun et s'arrêter à Saint-Chartier, où le parc du château permet de retrouver la saveur du cadre des *Maîtres sonneurs*. De là, on remontera au nord-ouest jusqu'à Mers-sur-Indre, dans le bois de Chanteloube, pour découvrir *La Mare au diable*, décor de l'œuvre du même nom qui évoque le dialogue nocturne de Marie et Germain, les deux principaux personnages du roman. Un peu plus au sud se cache, près du joli village de Montipouret, le moulin du *Meunier d'Angibault*,

LES MAÎTRES SONNEURS, 1853
LA MARE AU DIABLE, 1846
LE MEUNIER D'ANGIBAULT, 1845

George Sand et sa famille devant Nohant en 1875, par Verdot.

acquisition de la commune. Le périple sandien se poursuit par la visite du château de Sarzay, ancienne forteresse féodale du XIVe siècle, amoureusement restaurée, qui surgit au milieu des champs.

Il faut venir admirer ensuite les portraits, les photographies et les manuscrits du musée George-Sand et de la Vallée Noire de La Châtre, logé dans un donjon carré du XVe siècle, et déambuler dans les petites ruelles de la ville pour profiter des belles bâtisses et des hôtels particuliers qui l'honorent, notamment la Maison pointue (rue des Trois-Marchands, XVe siècle) et la Maison de bois (rue du Marché, XVe siècle). À quelques kilomètres vers l'ouest se dresse le château d'Ars, futur centre international George-Sand et le romantisme, un site qui rappelle certaines scènes du roman *Les Beaux Messieurs de Bois-Doré*. De là, on filera à Cluis, petit bourg dont

LES BEAUX MESSIEURS DE BOIS-DORÉ, 1858

George Sand disait qu'il était *«le point de mire de tous les horizons de la Vallée Noire»*, pour rejoindre Gargilesse, *«village-refuge»* de la romancière, découvert lors d'une promenade avec Frédéric Chopin en 1844. Ce lieu, silencieux et retiré du monde (il fallait, à l'époque, s'y rendre à dos d'âne), permettait à George Sand d'écrire en paix tout en profitant du charme d'Alexandre Manceau, graveur de son état, qui acheta une petite maison admirable de simplicité baptisée villa Algira, du nom d'un papillon découvert sur le site. On peut visiter aujourd'hui ce modeste refuge où sont pieusement répertoriés des objets ayant appartenu à l'écrivain. Gargilesse a été consacré par George Sand (avec Badecon-le-Pin et Cuzion) *«l'oasis du Berry»*. C'est donc le point d'orgue de ce pèlerinage.

MARIE-LAURE ROINARD

Du côté d'Illiers

Marcel Proust

Illiers, une bourgade quelconque, entre Beauce et Perche, a acquis un semblant d'immortalité grâce à la littérature. Mais elle a dû modifier son nom, et ajouter à celui que lui a légué l'histoire le patronyme de Combray, donné par Marcel Proust (1871-1922), le père d'*À la recherche du temps perdu*. Illiers est désormais inséparable de Combray. Et l'on vérifiera toujours si la réalité correspond bien à la fiction. Le village tel qu'il apparaît au lecteur, dans les premières pages de la *Recherche*, n'est *«à dix lieux à la ronde» «qu'une église résumant la ville»*, semblable à celui que traverse, à présent, le promeneur. Ce dernier retrouvera ces *«maisons construites en pierres noirâtres du pays»*, *«précédées de degrés extérieurs»* et *«coiffées de pignons»*, ainsi que ces *«rues aux noms graves de saints»*.

Pourtant, parmi eux, tous ne sont pas le fruit de l'imagination de l'écrivain qui y séjourna pendant son enfance. Si la rue Sainte-Hildegarde et la rue Saint-Jacques représentent des tracés plus ou moins fictifs et malaisément identifiables, les rues Saint-Hilaire et du Saint-Esprit, en revanche, existent bel et bien. On entrait, autrefois, chez tante Léonie par la rue du Saint-Esprit, tout comme on le fera aujourd'hui pour retrouver dans sa demeure, devenue musée, le souvenir de Proust. De l'autre côté, la «*petite porte du jardin*» ouvre sur «*la rue des Perchamps*» (en réalité rue d'Auteuil) qui mène au côté de Guermantes (ou de Villebon), promenade dont «*le plus grand charme*» réside dans le fait que l'on a pour compagnon «*presque tout le temps à côté de soi le cours de la Vivonne*». Du côté de Méséglise se trouve l'itinéraire «*des aubépines*» avec son église romane et son retable du XVIIe siècle et dont les épais feuillages longeant le Loir invitent à la lecture ou au souvenir : «*Et le nom de Guermantes d'alors est aussi comme un de ces petits ballons dans lesquels on a enfermé de l'oxygène ou un autre gaz : quand j'arrive à le crever, à en faire sortir ce qu'il contient, je respire l'air de Combray de cette année-là, de ce jour-là, mêlé d'une odeur d'aubépine agitée par le vent du coin de la place, précurseur de la pluie, qui tour à tour faisait envoler le soleil, le laissait s'étendre sur le tapis de laine rouge de la sacristie et le revêtir d'une carnation brillante, presque rose de géranium, et de cette douceur, pour ainsi dire wagnérienne dans l'allégresse, qui conserve tant de noblesse à la festivité.*» (*Le Côté de Guermantes*)

LE CÔTÉ DE GUERMANTES, 1920-1921

FRÉDÉRIQUE NGUYEN HUU

Maisons d'écrivains

Pour apprécier une œuvre, il n'est pas besoin de connaître son auteur, nous dit Proust qui refusait l'idée d'une indispensable adéquation entre intimité et écriture. Mais rien ne nous empêche, nous, sincères «admirateurs», un rien fétichistes, de nous rendre sur ses traces.
Au sud-ouest de Chartres, peu après Épuisay, le manoir de Bonaventure à Mazangé nous emmène sur les traces d'Alfred de Musset (1810-1857). Propriété où le futur enfant prodige de la poésie romantique passa de paisibles vacances familiales, avant de brûler la chandelle par les deux bouts.
À quelques kilomètres de là, on trouve le manoir de la Possonnière à Couture-sur-Loir, maison natale de Pierre de Ronsard (1524-1585). On peut admirer les jardins, la cour

La Possonnière, maison de Ronsard.

intérieure, les septs caves, le corps du logis et les granges, entièrement restaurés. La forêt de Gastine célébrée par le poète est toute proche :

«Sainte Gâtine, ô douce secrétaire
de mes ennuis, qui réponds en ton bois,
Ores en haute ores en basse voix,
Aux longs soupirs que mon cœur ne peut taire ;
Loir, qui refreins la course volontaire
Des flots roulants par notre Vendomois,
Quand accuser cette beauté tu m'ois,
De qui toujours le m'affame et m'altère :
Si dextrement l'augure j'ai reçu
Des deux regards de ma douce Thalie,
Maugré la mort Poète me ferez
Et par la France appelés vous serez
L'un mon Laurier, l'autre ma Castalie.»
(*Amours de Cassandre*)

Pierre de Ronsard,
AMOURS DE CASSANDRE, 1552
François Rabelais,
GARGANTUA, 1534

À La Riche, près de Tours, se trouve le prieuré de Saint-Cosme, où, devenu poète attitré de la Cour, Ronsard séjourna jusqu'à la fin de ses jours.
De là, on peut aller respirer le parfum romantique du musée de Saché consacré à Balzac (1799-1850), qui trouva de 1823 à 1837, sur ces bords de l'Indre, un cadre parfait pour travailler en paix. Le château de Saché appartenait à M. de Margonne, un ami de sa mère – et sans doute l'amant de celle-ci : on lui attribue la paternité d'Henri de Balzac, le

jeune frère de l'écrivain. Ce dernier y fera de nombreux et heureux séjours. En 1833, l'auteur de la *La Comédie humaine* écrit à Mme Hanska pour lui expliquer ce que représente pour lui cette demeure : «*Saché est un débris de château sur l'Indre, dans une des plus délicieuses vallées de Touraine. Le propriétaire, homme de cinquante-cinq ans, m'a fait jadis sauter sur ses genoux. Il a une femme intplérante et dévote, bossue, peu spirituelle. Je vais là pour lui, puis j'y suis libre. On m'accepte dans le pays comme un enfant ; je n'y ai aucune valeur, et je suis heureux d'être là, comme un moine dans un monastère. Je vais toujours méditer là quelques ouvrages sérieux. Le ciel y est pur, les chênes si beaux, le calme si vaste...*»

Au sud-ouest de Chinon, à Seuilly, se dresse l'austère maison natale de François Rabelais (v. 1494-1553), La Devinière, avec son toit d'ardoise et sa célèbre cheminée «Grandgousier». La famille de Rabelais cultivait, dit-on, un vignoble de pinot blanc. Il y est fait allusion au cinquième chapitre de *Gargantua*, quand les buveurs évoquent ce cépage d'un air gourmand : «*C'est de la Devinière, un vin pineau.*»

Plus à l'est, on rejoindra les bordures de la Creuse jusqu'à Descartes pour visiter la maison natale du philosophe du même nom qui y fut élevé par sa grand-mère et sa nourrice, jusqu'à son entrée au collège des jésuites de La Flèche.
Plus au sud, en direction du Blanc, le musée d'Ingrandes est consacré à Henry de Monfreid, l'aventurier, un rien hâbleur, de la mer Rouge.

Alain-Fournier chez lui à La Chapelle d'Angillon en 1905.

Au sud de Saint-Amand-Montrond, se trouve le musée-école d'Épineuil-le-Fleuriel – «*cette demeure où s'écoulèrent les jours les plus tourmentés et les plus chers de ma vie...*» –, qui rend hommage au *Grand Meaulnes* d'Alain-Fournier (1886-1914). Isabelle Rivière, sœur de l'écrivain, déclare que, dans ce roman, «*tout est réel et on peut visiter à pied 31 chapitres du livre, soit à l'école, soit autour de l'école*». L'atmosphère de ce roman-culte est conservée puisque s'y côtoient les pupitres d'écoliers, les tableaux noirs, les registres, les poêles à bois... et l'odeur «*des châtaignes et de la piquette*» et de l'encre violette. Au nord de Bourges, à La Chapelle-d'Angillon, un autre musée est consacré au «père» de Meaulnes, Alain-Fournier, et à son beau-frère, l'écrivain Jacques Rivière, le mari d'Isabelle.

Alain-Fournier,
Le Grand Meaulnes, 1913

Châteauneuf-sur-Loire, plus au nord, rend hommage à Maurice Genevoix (1890-1980), qui y passa son enfance. À la fin de sa vie, l'auteur de *Raboliot* s'était installé aux Vernelles, à Saint-Denis-de-l'Hôtel (Loiret) : «*En vérité, Les Vernelles mêmes, c'était encore Châteauneuf, comme une sublimation rustique de tout ce qui m'avait peu à peu lié au Chastaing, à l'Herbe verte, au Sentier de Roanne, à la mer, à notre quartier de la Croix-de-Pierre, à tous ces sites et ces lieux-dits qui jusqu'alors et jour à jour m'avaient doucement envahi [...]. [Mes pas] allaient jour à jour, beaucoup de jours, et quels qu'aient été mes chemins, me ramener vers les Vernelles. C'est ma maison, mon jardin, mon pays, tous les horizons de ma vie. C'est Decize où je suis né, c'est Châteauneuf, le Chastaing, l'Herbe verte, la fausse rivière qui sinue dans le parc du château, sous les arbres immenses plantés par M. d'Héron et où je vois toujours, plus blancs, plus gracieux que tous les cygnes du monde, nager les cygnes miraculeux qui éblouirent mes yeux d'enfant.*» (*Trente mille jours*)

Maurice Genevoix,
RABOLIOT, 1925
TRENTE MILLE JOURS, 1980

On finira ce périple éruditissime par la visite du château du Bignon-Mirabeau, cadre de l'enfance de Patrice de La Tour du Pin (1911-1975), une retraite paisible où l'écrivain découvrit son goût pour la poésie :

Patrice de La Tour du Pin,
LA QUÊTE DE LA JOIE, 1933

«*Regains... je vais pouvoir nager dans le vert tendre*
Des prairies, le fouillis des odeurs végétales,
Et lécher la rosée à même les pétales...
Regains... ne pas s'abandonner, mais tout comprendre.»
(*La Quête de la joie*)

MARIE-LAURE ROINARD

À NE PAS MANQUER

George Sand

À visiter
Château de Nohant
36400 Nohant-Vicq Tél. 02 54 31 06 04

À visiter
Maison de George Sand à Gargilesse
Le Bourg, 36190 Gargilesse Dampierre
Tél. 02 54 47 84 14

À visiter
Musée George-Sand et de la Vallée Noire
70, rue Venôse, 36400 La Châtre
Tél. 02 54 48 36 79

Marcel Proust

À visiter
Musée Marcel-Proust - Maison de Tante Léonie
4, rue du Dr Proust, 28120 Illiers-Combray
Tél. 02 37 24 30 97 - Minitel : 36 15 ATY* Proust
Se promener
«Du côté de chez Swann» et «Du côté de Guermantes»
Parcours littéraires sur les pas de Marcel Proust organisés, pour les groupes uniquement, par le syndicat d'initiative d'Illiers-Combray, tél. 02 37 24 21 79.

Maisons d'écrivains

À visiter
Manoir de Bonaventure (*Visite sur rendez-vous*)
41100 Mazangé Tél. 02 54 72 07 43
À visiter
Manoir de la Poissonnière
41800 Couture-sur-Loir Tél. 02 54 72 40 05
Prieuré de Saint-Cosme
37520 La Riche Tél. 02 47 37 32 70
À visiter
Château de Saché
37190 Saché Tél. 02 47 26 86 50
À visiter
Musée de la Devinière
37500 Seuilly Tél. 02 47 95 91 18
À visiter
Musée René-Descartes
37160 Descartes Tél. 02 47 59 79 19 / 91 42 00
À visiter
Musée Henri-de-Monfreid
36300 Ingrandes Tél. 02 54 37 65 25
À visiter
École du «Grand Meaulnes»
18360 Épineuil-le-Fleuriel Tél. 02 48 63 04 82
Musée Alain-Fournier - Jacques-Rivière
Le Château, 18380 La Chapelle-d'Angillon
Tél. 02 48 73 41 10
À visiter
Maison Maurice-Genevoix
Place du cloître, 45550 Saint-Denis-de-L'Hôtel
Tél. 02 38 46 83 40 ou 02 38 59 10 24
À visiter
Château du Bignon-Mirabeau
45210 Bignon-Mirabeau Tél. 02 38 90 97 41

CHAMPAGNE-ARDENNE

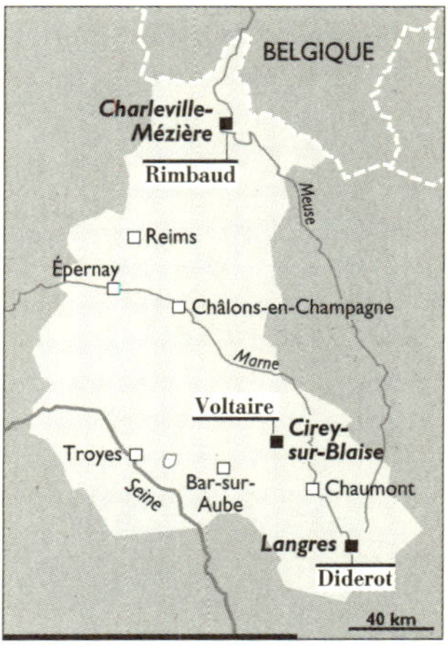

Les paysages ne sont pas d'une gaieté folle. On passe des plateaux glacés, l'hiver, aux plaines sèches et crayeuses, étouffantes, l'été. Et les forêts du Nord ne font pas oublier les routes propices aux invasions. Heureusement, Rimbaud est à Charleville, Diderot à Langres et Voltaire à Cirey. Il faut noter cependant que les trois écrivains n'y ont pas fait de bien longs séjours. Et que seul l'auteur de *Candide* prendra un réel plaisir à sa villégiature.

Un doux exil au château de Cirey

François-Marie Arouet dit Voltaire

D'Alembert le nommait «*Monsieur le multiforme*», sans doute en raison de sa personnalité changeante et de ses nombreuses activités – philosophiques, dramaturgiques, romanesques, historiques et épistolaires –, lesquelles seront largement exercées durant son séjour au château de Cirey.
C'est à la suite de la publication de ses *Lettres philosophiques*, pour fuir Paris et les menaces de poursuites qui planent sur lui, que Voltaire (1694-1778) gagne Cirey, en Champagne, sur la frontière lorraine. Il reviendra quinze années durant (1734-1749) dans ce château où il vivra une véritable passion avec son hôtesse, Mme du Châtelet, qui lui offre ici une généreuse hospitalité. Émilie du Châtelet est une érudite, une leibnitzienne experte dans les sciences du calcul. Voltaire lui rendra hommage dans un *Éloge historique de Mme du Châtelet*, écrit l'année de sa mort, en 1749 : «*Les lieux qu'elle embellissait me sont chers. Je n'ai point perdu une maîtresse, j'ai perdu la moitié de moi-même, une âme pour qui la mienne était faite, une amie de vingt ans que j'avais vue naître. Le père le plus tendre n'aime pas autrement sa fille unique. J'aime à en retrouver partout l'idée.*»

LETTRES PHILOSOPHIQUES, 1734

Mais Voltaire ne se contentera pas de sa relation avec la «*divine Émilie*». Il marquera les lieux de son passage. Le château sera en grande partie rénové et restauré à ses frais et selon ses plans. L'édifice actuel est un bâtiment d'époque Louis XIII augmenté d'une aile Louis XV. Le philosophe souhaite aménager sa résidence en un laboratoire d'études diverses.

Entre 1735 et 1740, Voltaire et Mme du Châtelet vivent pratiquement en autarcie : ils reçoivent certes, mais sortent peu de l'enceinte de leur paradis où ils s'adonnent tous les deux à l'écriture avec frénésie. La marquise traduit *La Fable des abeilles* de Mandeville, ainsi que les *Principes mathématiques de philosophie naturelle* de Newton ; elle rédige également, en 1737, une *Dissertation sur la nature et la propagation du feu*. L'auteur de *Candide*, lui, taquine les sciences expérimentales. Il dédie à sa compagne *Les Éléments de la philosophie de Newton*, inspirés par ses études mathématiques et scientifiques, et celles de Francesco Algarotti, auteur du *Newtonianisme pour les dames* (1737). De la théorie, Voltaire passe à la pratique et travaille dans le laboratoire qu'il a fait installer à Cirey, notamment sur le refroidissement de la fonte et la variation de la masse des métaux calcinés.

CANDIDE, 1759
LES ÉLÉMENTS DE LA PHILOSOPHIE DE NEWTON, 1738

Ces quinze années passées dans le château sont également importantes pour le philosophe. Elles marquent l'avènement des concepts voltairiens : ramener la métaphysique à la morale et, ainsi, tenter d'établir la situation physique et morale de l'homme dans l'univers. Ainsi, *Le Songe de Platon*, élaboré à Cirey, est lié aux recherches de Voltaire et de la marquise sur la philosophie de Newton ; Platon y est raillé et sa pensée réduite à des chimères.

Ces travaux n'empêchent pas l'écrivain de se consacrer aux belles-lettres et aux plaisirs. Ainsi, dans les combles du château, fait-il aménager un petit théâtre, toujours intact, avec ses décors en trompe l'œil. Des pièces comme *Zaïre* ou *Le Comte de Boursoufle* ont été écrites et jouées au château par des comédiens des environs.

LE SONGE DE PLATON, 1756
ZAIRE, 1732
LE COMTE DE BOURSOUFLE, 1736

Le château de Cirey, avec ses jardins réguliers qui comblent l'esprit classique de Voltaire, est donc pour lui une oasis, un paradis – «*le paradis est là où je suis*», se plaisait-il à dire –, une sorte d'abbaye de Thélème où le travail alterne avec les divertissements. Voltaire entend mener ici une vie à la «*hollandaise*» : «*Nous lisons quelques chants de Jeanne la Pucelle*, confie-t-il à Thiriot, *ou une tragédie de ma façon, ou un chapitre du Siècle de Louis XIV. De là nous revenons à Newton et à Locke, non sans vin de Champagne, et sans excellente chère, car nous sommes des philosophes très voluptueux.*» Le château de Cirey porte encore la trace de cet éden pour grand seigneur des Lumières.

SANDRINE AZOULAY

Langres : une inconstance de girouette

Denis Diderot

«*Mes yeux errent sur le plus beau paysage du monde.*» C'est Langres, sa ville natale, que Diderot (1713-1784) décrit comme telle, dans une lettre à sa chère Sophie Volland. Située entre la Franche-Comté, la Bourgogne et la Champagne, au nord de Dijon, Langres, après quelques réticences vis-à-vis de l'enfant du pays – on lui reproche son athéisme –, salue son talent. Très attaché à sa terre bien qu'il l'ait fuie à l'âge de seize ans, divers écrits, dont *Le Neveu de Rameau* et *Jacques le Fataliste*, ont été rédigés après ses retours de Langres et possèdent un incontestable parfum autobiographique.

Désormais, le fils du maître coutelier Didier Diderot est reconnu et honoré en tant que tel. Le collège de jésuites, où il étudia adolescent, porte son nom, tout comme la rue principale de Langres. Sa statue, sculptée par Frédéric-Auguste Bartholdi, a été inaugurée, en 1884, place Diderot. Son buste, modelé par Houdon et offert par l'écrivain en 1771, trône à l'hôtel de ville. Il existait donc à Langres, du vivant de l'encyclopédiste, des esprits ouverts qui acceptaient l'athéisme de Diderot et ses positions philosophiques. L'auteur de *La Religieuse*, se sentant soutenu par un petit nombre, se flatte d'y avoir «*rencontré des hommes décidés et bien nets sur le grand préjugé* [la religion] *et ce qui m'a fait un plaisir singulier, c'est qu'ils tiennent un rang parmi les honnêtes gens*».

LE NEVEU DE RAMEAU, 1734
JACQUES LE FATALISTE, 1759
LA RELIGIEUSE, 1759

À Langres, le musée du Breuil de Saint-Germain comporte une salle Diderot qui est actuellement en cours de réaménagement. La bibliothèque Marcel-Arland offre aux intéressés la possibi-

Conversation entre Denis Diderot et Jacob Grimm.

lité de consulter lettres et documents de l'écrivain, ainsi qu'une abondante collection d'éditions originales dont les vingt-huit volumes de l'*Encyclopédie* (textes et planches), acquise par un citoyen de Langres du vivant de Diderot. À quelque trente kilomètres de Langres, les archives départementales de la ville de Chaumont abritent le fonds Caroillon-de-Vandeul, légué par Angélique, la fille de Diderot, devenue par son mariage avec Pierre-Nicolas Caroillon de Vandeul, Mme de Vandeul. On peut y consulter notamment toute la correspondance de cette dernière avec son mari. C'est d'ailleurs pour préparer le mariage de sa fille que l'écrivain se rendra pour la dernière fois dans cette province.
À Bourbonne-les-Bains, arrondissement de Langres, accompagné de son ami Grimm, il peut se rendre compte de la pauvreté ambiante: «*Les habitants sont pauvres [...] l'argent qui tombe dans un endroit ne l'enrichit point, lorsqu'il fait un bond pour aller trouver ailleurs les denrées de consommation; ceux qui apportent à Bourbonne ces denrées s'en retournent avec l'argent dans leur poche.*»

Lors de ses rares séjours dans la ville – après son départ pour la capitale, il n'y reviendra que cinq fois –, Diderot aimait flâner et se rendre sur la promenade «*Blanche Fontaine*»: «*Nous avons ici une promenade charmante. C'est une grande allée d'arbres touffus qui conduit à un bosquet d'arbres rassemblés sans symétrie et sans ordre. On y trouve le frais et la solitude [...]. C'est là que je suis à cinq heures.*» Dans ce cadre qu'il affectionne particulièrement, il écrira *Voyage à Bourbonne et à Langres* ainsi que deux contes, *Les Deux Amis de Bourbonne* et *Entretien d'un père avec ses enfants*.

Rapprochant son caractère de celui des Langrois, Diderot parle de ces habitants en termes quasi météorologiques: «*Les habitants de ce pays ont beaucoup d'esprit, trop de vivacité, une inconstance de girouettes. Cela vient, je crois, des vicissitudes de leur atmosphère qui passe en vingt-quatre heures du froid au chaud, du calme à l'orage, du serein au pluvieux [...]. Pour moi, je suis de mon pays; seulement le séjour de la capitale et l'application assidue m'ont un peu corrigé.*» Désormais, Diderot réconcilié avec lui-même et les siens se retrouve dans la vision de «*ces chaînes de montagnes entrecoupées de jardins et de maisons au bas desquelles serpente un ruisseau qui arrose de près et qui, grossi des eaux de la fontaine et de quelques autres, va se perdre dans la plaine*».

VOYAGE À BOURBONNE ET À LANGRES, 1770
LES DEUX AMIS DE BOURBONNE, 1770
ENTRETIEN D'UN PÈRE AVEC SES ENFANTS, 1770

SANDRINE AZOULAY

Le voyant de Charleville

Arthur Rimbaud

«*Or moi, bateau perdu sous les cheveux des anses,*
Jeté par l'ouragan dans l'éther sans oiseau,
Moi dont les Monitors et les voiliers des Hanses
N'auraient pas repêché la carcasse ivre d'eau [...]»

Tels sont les premiers vers du poème – *Le Bateau ivre* – qu'Arthur Rimbaud (1854-1891) lit à son ami Delahaye, tandis que les deux comparses se promènent au bord de la Meuse, un jour du printemps 1872. Nous sommes près de la place Ducale dont les pierres jaunes de Dôme, les briques

Arthur Rimbaud (en 1870)

roses et les ardoises de Fumay rappellent la place des Vosges, à Paris. À côté de la vieille cité médiévale de Mézières, Charles de Gonzague avait érigé, en 1606, une cité qui porte son nom : Charleville. Avec sa désinvolture habituelle, Arthur Rimbaud appelle cette ville «*Charlestown*». Il y naquit en 1854 près de la place, rue Thiers, au n° 12, et grandit 7, quai du Moulinet, au bord du fleuve. Tandis que Rimbaud poursuit sa lecture, les deux promeneurs ont atteint le «*Vieux Moulin*» dont la Meuse active la machinerie. Cette bâtisse du XVIIe siècle abrite aujourd'hui le musée Rimbaud.

Est-ce là que le poète, dont les vers exaltent le voyage et en même temps le désir d'en finir avec Charleville, confiera à son ami d'enfance son projet d'écrire à Verlaine ? De Paris, ce dernier, enthousiasmé par *Le Bateau ivre*, répondra sur-le-champ : «*Venez, chère grande âme [...].*» Le poète de Charleville, alors âgée de dix-sept ans, étonnera les milieux littéraires de la capitale. Quant à sa tumultueuse liaison avec Paul Verlaine, elle s'achèvera à Bruxelles : Verlaine, désespéré par leur rupture imminente, tire un coup de revolver sur Rimbaud !

Sa précocité et sa brève carrière – *Une saison en enfer* et *Les Illuminations* sont rédigées quand Rimbaud n'a pas vingt ans –, son départ pour Aden et le Harar, sa fin misérable et son retour à Marseille, où il meurt à trente-sept ans des suites d'une tumeur au genou, ont fait du poète de Charleville un être de légende. Sa tombe, dans le petit cimetière de la rue Thiers, est le lieu d'un véritable culte entretenu par des visiteurs venus du monde entier. Peut-être ont-ils en tête un fragment de *L'Éternité* :

«Elle est retrouvée.
Quoi ? – L'Éternité.
C'est la mer allée
Avec le soleil.»

Tandis que l'élève Rimbaud fréquentait encore le collège de Charleville, qui se situait sur l'aile droite actuelle de la bibliothèque municipale, place de l'Agriculture (renfermant un

L'Herboriste. Rimbaud «philomathe» en promenade avec son ami Delahaye aux environs de Charleville, dessin de Delahaye.

fonds Rimbaud où l'on trouvera le manuscrit du poème *Promontoire* et l'édition originale d'*Une saison en enfer*), certains professeurs entrevoyaient déjà son étrange destin. Ainsi, M. Desdouet, le principal du collège: «*Rien de banal ne germe dans cette tête; ce sera le génie du mal ou le génie du bien.*» Rimbaud est un élève brillant. Il excelle en grec et latin, rafle les prix d'excellence. Sa mère, élevant seule une famille de quatre enfants (le père, militaire instable, ayant abandonné sa famille), soumet Rimbaud à une discipline intransigeante. Dans un cahier tenu secrètement, il s'en prend à cette éducation exécrée: «*Que m'importe, moi, qu'Alexandre ait été célèbre! Que sait-on si les Latins ont existé? Quel mal ai-je fait pour qu'ils me flanquent au supplice?... Ah! Saperlipotte de Saperlipopette!... Il ne fait pas bon de s'user les culottes sur les bancs, saperlipopettouille!*» Quand il écrit ces lignes, en 1864, Arthur a dix ans.
Aux vieilleries de l'enseignement académique qu'il domine d'ailleurs parfaitement, Rimbaud préfère l'alchimie colorée de sa langue poétique. Il en donnera un exemple fameux dans *Voyelles*, dont le manuscrit original se trouve au musée Rimbaud.

«A noir, E blanc, I rouge, U vert, O bleu: voyelles,
Je dirai quelque jour vos naissances latentes:
A, noir corset velu des mouches éclatantes
Qui bombinent autour des puanteurs cruelles [...]»

L'hostilité de Rimbaud pour le carcan scolaire et familiale ne tardera pas à se manifester. Près du quartier de Theux, où demeure son ami Delahaye, le jeune homme, fuyant la maison de sa mère, trouve refuge dans la grotte de Romery, une ancienne carrière que l'on découvrira en prenant la direction de Lumes. Une lettre, datée du 2 novembre 1870, exprime l'état d'esprit du poète: «*Je meurs, je me décompose dans la platitude, dans la mauvaiseté, dans la grisaille. Que voulez-vous, je m'entête affreusement à adorer la liberté libre [...]. Allons, chapeau, capote, les deux poings dans les poches, et sortons.*» Avant de quitter l'Europe pour l'Afrique, Rimbaud fera sa première grande fugue dans la vallée de la Meuse, entre les Ardennes françaises et les Ardennes belges. À quinze ans, il prend le train de la «*Valleye*», comme l'appellent les gens du pays. Ce périple entre Charleville et Givet sera ponctué d'étapes. Trouvant asile chez des amis, il s'arrête à Fumay, capitale de l'ardoise dont la basilique rappelle celle de Charleville. Il visite aussi Bireux, Nohan et Charlemont, village enserré dans l'étau d'une forteresse de Vauban. Il traverse ensuite la frontière belge à pied, et gagne Charleroi, à la barbe des douaniers:

> «*Depuis huit jours, j'avais déchiré mes bottines*
> *Aux cailloux des chemins. J'entrais à Charleroi.*
> *— Au Cabaret-Vert: je demandais des tartines [...]*»

Peut-être Rimbaud rencontra-t-il, au *Cabaret-Vert*, la populaire Bibi Maton, tenancière de l'endroit. Est-ce à elle qu'il dédie son poème de Charleroi, *La Maline*?

> «*Elle arrangeait les plats, près de moi, pour m'aiser;*
> *– Puis, comme ça, – bien sûr, pour avoir un baiser, –*
> *Tout bas: "Sens donc: j'ai pris une froid sur la joue..."*»

CYRIL JARTON

À NE PAS MANQUER

Voltaire

À visiter

Château de Cirey
52110 Cirey-sur-Blaise
Tél. 03 25 55 43 04

Denis Diderot

À visiter
Musée du Breuil-de-Saint-Germain
2, rue Chambrûlard, 52200 Langres
Visite uniquement sur rendez-vous.
Rens. : tél. 03 25 87 67 67 (office de tourisme)
ou 03 25 87 08 05 (conservation des musées de Langres)

À savoir
Fonds Denis-Diderot
Bibliothèque municipale Marcel-Arland
Rue Cardinal de la Luzerne, 52200 Langres
Tél. 03 25 87 63 00

À savoir
Fonds Caroillon-de-Vandeul
Archives départementales de Chaumont
Rue du Lycée agricole, 52000 Chamarandes Choignes
Tél. 03 25 03 33 54

Arthur Rimbaud

À visiter
Musée Arthur-Rimbaud - le «Vieux Moulin»
Quai Arthur-Rimbaud, 08100 Charleville-Mézières
Tél. 03 24 32 44 65

Se promener
«Sur les pas d'Arthur Rimbaud»
Circuit rimbaldien à Charleville-Mézières à l'aide
d'un dépliant distribué par le musée Rimbaud.

À savoir
Fonds Arthur-Rimbaud
Bibliothèque Municipale de Charleville
4, place de l'Agriculture, 08000 Charleville-Mézières
Tél. 03 24 33 33 53

À lire
La Route Rimbaud-Verlaine, numéro hors-série de la revue
Terres ardennaises, Charleville-Mézières, décembre 1991.
Points de vente limités. Rens. : tél. 03 24 37 73 37.

CORSE

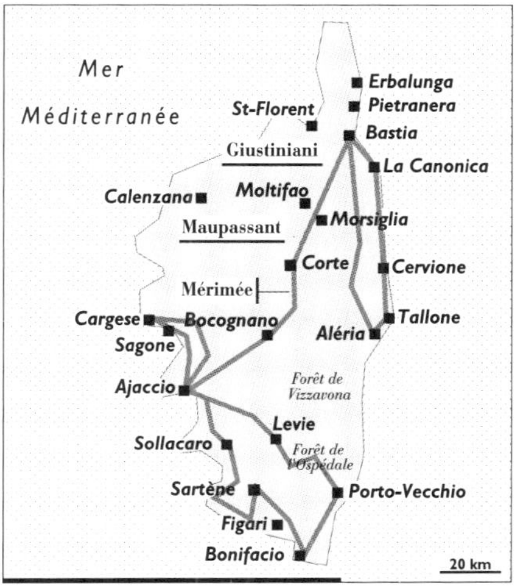

Incontestablement la plus belle île de la Méditerranée. D'un abord difficile quand les voies de communication étaient embryonnaires. Évêque du XVIe siècle, Augusto Giustiniani l'apprit à ses dépens quand il gagna son diocèse. Plus tard, Mérimée s'y rendra en tant qu'inspecteur des Monuments historiques ; ce voyage donnera naissance à *Colomba*, une de ses plus célèbres nouvelles. Maupassant, lui, choisira plutôt de faire le tour des criques en bateau et de humer l'air du maquis.

Le voyage de l'évêque

Agostino Giustiniani

La Corse n'a pas attendu d'être française pour susciter la curiosité des lettrés continentaux. Trois siècles avant la fameuse tournée d'inspection entreprise à l'été 1839 par Mérimée en vue d'un «*rapport spécial [...] sur l'état des monuments [...], sur leurs mérites et sur les sommes qu'il serait nécessaire d'affecter à leur conservation et à leur restauration*», l'évêque humaniste Giustiniani (1470-1536) livrait une *Description* (*Dialogo nominato Corsica*) dont une édition exemplaire parut naguère chez un courageux éditeur ajaccien.

Ce fin lettré génois, qui changea son prénom, Pantaleone, en Agostino, autant par révérence envers l'auteur de *La Cité de Dieu* qu'en raison de la conversion tardive qui en fit un dominicain, renonça à une carrière de théologien à Bologne pour entreprendre la publication d'une *Bible* polyglotte, avant d'obtenir l'évêché corse du Nebbio (1514). Mais, négligeant l'île de son diocèse, il gagne Paris à l'invitation de Guillaume Budé et de François Ier pour y enseigner l'hébreu (1517-1522). Bientôt toutefois, pour un spécialiste en vue des Saintes Écritures, la Corse apparaît plus sûre, malgré la rudesse de ses mœurs, dans une Europe où le partage de l'hérésie commande la prudence. Plus de huit ans de résidence et de courts séjours, jusqu'au naufrage qui lui coûte la vie, donnent à l'évêque une connaissance solide et méticuleuse de l'île et surtout de cet «*En-deçà-des-monts*» (grossièrement la Haute-Corse d'aujourd'hui) qui seul intéresse le Génois patriote qu'il ne cessera jamais d'être. Magistral état des lieux, sa présentation physique, administrative des communautés humaines, ethnologique avant l'heure aussi, se double d'une réflexion sur les pouvoirs qui en fait un «*moderne*» autant qu'un guide.

DESCRIPTION DE LA CORSE, v. 1530

La Corse de Giustiniani peut dérouter : si la plupart des fameuses tours littorales manquent à l'appel – l'évêque ne mentionne dans le Cap que celle d'Erbalunga –, c'est qu'elles sont encore loin d'être toutes construites. En revanche, les caps, anses et sites de mouillage propices, cols et lieux de franchissement des «monti», atouts maîtres de la communica-

L'église San Michele di Murato.

tion toujours délicate en Corse et capitale pour un Génois, sont, eux, strictement répertoriés. Outre les églises piévanes, tel San Petru di Luri, sinon San Michele di Murato, qui drainent la population de bourgs dispersés sur une échelle plus large que la paroisse continentale, le patrimoine bâti est rythmé par les couvents franciscains : le premier est fondé dix ans à peine après la mort du Poverello d'Assise ! D'autres s'élèvent au Cap (Rogliano, Morsiglia, Pino, Canari, Nonza) comme en Casinca (Venzolasca, Mariana) ou en Balagne (Calenzana-Alzipratu, Aregno-Corbara, Tuani-Belgodère, Moltifao). Aujourd'hui, le voyageur n'en voit guère que l'église conventuelle, quand elle est encore debout ; il ne reste rien de l'établissement des faubourgs de Calvi, sinon l'indice toponymique d'une Punta San Francescu Vecchju. C'est la rançon des incursions barbaresques, les luttes claniques ou politiques faisant de ces lieux symboliques les cibles évidentes d'une histoire insulaire mouvementée.
Amoureux de l'antique, Giustiniani se désole de l'abandon des hauts lieux du premier christianisme. La cathédrale Santa

Maria Assunta de Mariana (aujourd'hui la Canonica), «*qui fut noble et magnifique*» avec son «*appareil de pierres blanches et noires semblable à des marbres*», est «*si mal tenue et en si mauvais état qu'on peut plutôt l'appeler une étable pour animaux divaguants qu'un temple consacré au culte divin*».
Pour la cathédrale du Nebbio, mieux préservée, l'évêque fit restaurer les bâtiments ruinés nécessaires aux desservants. La «*très belle construction édifiée toute entière en pierres blanches, cimentées légèrement*» est peut-être «*de médiocre grandeur*» mais «*de très belles proportions, édifiées en observant bien les règles de l'architecture*». Et l'esthète de conclure : «*On peut en déduire qu'il s'agit d'une construction pisane.*» Un savoir et un goût sûrs, et peu partagés alors. Recommandons à sa suite l'admirable San Michele di Murato, «*ancienne et bien construite*» (le clocher, surélevé au XIXe siècle, n'en compromet pas encore l'harmonie), San Nicolao d'Asigliani («*un art non moins remarquable*»), San Quilico de Cambia, San Petru e San Paolu à Lumio, Santa Maria Assunta à Canari, privée de son abside depuis deux siècles, ou la Trinité d'Aregno, désormais amputée de son clocher…
L'esthète se double d'un politique, qui loue le choix du siège d'une lieutenance – «*Chacun venant de quelque piève de Balagne pour traiter quelqu'affaire à l'Algajola [peut] rentrer chez lui coucher dans sa maison*» – comme il souligne les atouts (forêts, eaux et air purs) du couvent de Corbara – «*À Rome ou à Gênes un site aussi magnifique pourrait s'acheter dix mille ducats.*»
Seule ombre au tableau, la population indigène. Si les Calvesis sont «*très civils*», sans doute le doivent-ils à leur fidélité ancienne et éprouvée à Gênes. Aux mœurs «*très douces*» de Balagne, l'évêque oppose, «*s'en plaignant et presque pleurant*», celles des habitants du Nebbio, «*pour la plupart à blâmer*» : «*Hommes facétieux et partiaux, adonnés aux brigues et aux querelles*», et d'autant plus dangereux qu'«*ils sont mal punis*» et donc «*persévèrent dans le mal*». Et que dire des Niolins, brigands qu'«*on ne peut gouverner*» et dont Gênes décide de «*détruire toutes les habitations*», façon radicale il est vrai de régler les problèmes d'autorité. Dans un paysage âpre et somptueux, débarrassé de l'autochtone, sans doute Giustaniani goûte-t-il mieux le miracle de Calasima, où l'«*on voit la mer de tous les côtés de l'île*», symbole secret de la «*citadelle inaccessible et irréductible*» qu'est, pour Maupassant, le Niolo, «*terre sauvage d'une inimaginable beauté*».

PHILIPPE-JEAN CATINCHI

Le sauvage et le peigné en Corse

Guy de Maupassant et Prosper Mérimée

S'il a séjourné en Corse, Guy de Maupassant (1850-1893) a moins observé l'île qu'il ne l'a rêvée. Projection idéale où la passion, nullement bridée par les conventions ou les lois sociales, peut s'exprimer spontanément à l'état pur et conduire au bonheur, cette terre «*sauvage est restée telle qu'en ses premiers jours*», havre d'une primitivité exceptionnellement conservée. «*Masse grise, énorme et confuse*» qu'on aperçoit depuis la Côte d'Azur par-delà la Méditerranée – cette «*plaque de métal polie et démesurée*» –, la Corse se dévoile, «*brusqu'apparition d'un monde, [...] fantôme sorti de la mer*». Ne cherchez pas d'itinéraire précis, ni de circuit touristique chez Maupassant – dans sa nouvelle *Le Bonheur* –: «sa» Corse parle d'imaginaire, «*un monde encore en chaos, une tempête de montagnes que séparent des ravins étroits où roulent des torrents; pas une plaine, mais d'immenses vagues de granit et de géantes ondulations de terre couvertes de maquis ou de hautes forêts de châtaigniers*». Un espace en friche, disponible comme une page blanche. «*C'est un sol vierge, inculte, désert, bien que parfois on aperçoive un village, pareil à un tas de rochers au sommet d'un mont.*» Si fruste qu'il ne porte pas la trace de la moindre action civilisatrice. «*Point de culture, aucune industrie, aucun art. On ne raconte jamais un morceau de bois travaillé, un bout de pierre sculptée, jamais le souvenir du goût, enfantin ou raffiné des ancêtres pour les choses gracieuses et belles. C'est là même ce qui frappe le plus en ce superbe et dur pays: l'indifférence héréditaire pour cette recherche des formes séduisantes qu'on appelle l'art.*»

LE BONHEUR, 1884

Version moderne de l'homme sauvage du siècle précédent dans sa brutalité inouïe et sa rude bonté, le Corse, au regard de Maupassant, est «*resté avec les défauts et les qualités des races incultes, violent, haineux, sanguinaire avec inconscience, mais aussi hospitalier, généreux, dévoué, naïf, ouvrant sa porte aux passants et donnant son amitié fidèle pour la moindre marque de sympathie*».

En fait, au vu de la correspondance de l'écrivain, l'évocation doit moins aux réminiscences de son séjour qu'à la perspective romanesque entée sur un espace d'une force particulière, irrémédiablement singulière.

C'est quasiment ce qui avait conduit, un demi-siècle plus tôt, Prosper Mérimée (1803-1870) à élire la Corse pour brosser la sombre figure de *Mateo Falcone*, sans même avoir visité l'île. La découverte eut lieu dix ans plus tard lorsque le jeune inspecteur des Monuments historiques embarque à Toulon le 15 août 1839 pour Bastia. Il en repart le 7 octobre pour Livourne, et un rendez-vous italien avec Stendhal. De retour à Paris en décembre, il publie quatre mois plus tard – *Colomba* suivra le 1er juillet dans *La Revue des Deux Mondes* – ses *Notes d'un voyage en Corse*, qui restituent, reclassées par époques artistiques, les impressions du voyageur. Si cette partition, qui tranche sur les autres carnets de route du représentant du ministère, brouille l'itinéraire, elle n'interdit pas de le reconstituer : une première visite à la Canonica, site paléochrétien dont la basilique «*est d'une grande simplicité, mais d'une simplicité qui n'exclut pas l'élégance*» ; puis une visite à Aleria – de la ville antique ne subsistent que des ruines «*intéressantes, mais malheureusement fort incertaines*» – en passant par Cervione et Tallone. Puis Mérimée met le cap sur le sud de l'île, gagnant Ajaccio par Corte, la forêt de Vizzavona et Bocognano. De là l'étape capitale qui le conduit à Sollacaro, puis Sartène, où la visite se fait séjour ; une curiosité toute romanesque le pousse ensuite de Figari vers Bonifacio, Porto-Vecchio, finalement Levie, par la forêt de l'Ospédale, où il peut confronter à la réalité la vision imaginaire qu'il en donnait dans *Mateo Falcone*. Avant de quitter Ajaccio, dernière escapade, via Sagone, à Cargèse et San Ghjuvan de Paomia qui l'intrigue par «*un bras humain sculpté sur le granit, légèrement fléchi, et les doigts ouverts à 45*». Derrière le romancier en repérage, l'inspecteur ne perd jamais ses droits. Avant de regagner le continent, il visite l'église pisane San Michele di Murato, le port de Saint-Florent et pousse une incursion sur le versant oriental du Cap (Pietranera, où il établira arbitrairement sa *Colomba*, Erbalunga, Sisco, jusqu'à Luri et la mythique «*tour de Sénèque*»). Au terme de l'enquête, le fonctionnaire déplore

***Mateo Falcone*, 1829**
***Colomba*, 1840**
***Notes d'un voyage en Corse*, 1840**

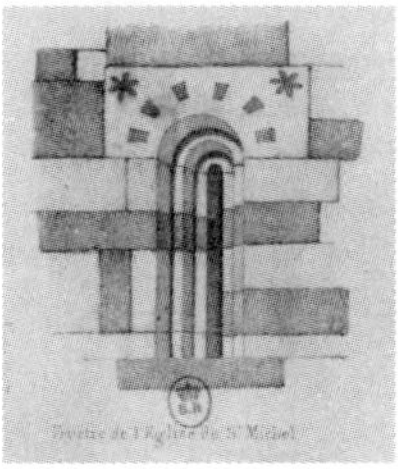

Église San Michele di Murato (détails).

Scala de Santa Regina.

«des résultats presque négatifs, car je n'ai guère eu qu'à constater la rareté et le peu d'importance des monuments de ce pays». Jugement abrupt corrigé par une recommandation éclairée aux *«correspondants et antiquaires qui parcourront la Corse après moi»* en direction de *«ces monuments appartenant à une époque et à une civilisation mystérieuse». Stazzone* (dolmens) et *stantare* (pierres levées), urnes funéraires et statues primitives – comme celle d'Apricciani, *«chevalier, le casque en tête»*, d'un travail *«grossier»*, mais *«d'une certaine régularité qu'on ne trouve pas dans les ouvrages très-barbares»* –, tout est bon à Mérimée qui reconnaît céder lui-même à la celtomanie : *«les souvenirs de Stonehenge me font voir ici* [dans la vallée du Tavaro] *une enceinte semblable à celle du fameux temple des plaines de Salisbury»*, confesse-t-il avant de réfuter la faiblesse du rapprochement.

En fait, Mérimée, justement salué comme l'un des précurseurs de l'investigation protohistorique par Roger Grosjean, s'est avant tout intéressé à l'homme. Le ministre Gasparin l'écrit

du reste au sous-préfet Tiburce Morati : «*Vous avez peu de monuments, mais pour un homme comme lui, l'île et ses habitants valent la peine qu'il veut se donner pour les connaître.*» Armé de la récente réédition de l'*Historia di Corsica* du chroniqueur Anton Pietro Filippini (1594), Mérimée apprécie moins la beauté végétale et minérale de l'île – vallées, montagnes, sites «*tous les mêmes et conséquemment horriblement monotones*» – qu'il ne traque «*la pure nature de l'homme. Ce mammifère est vraiment fort curieux ici et je ne me lasse pas de me faire conter des histoires de* vendette». L'apprenti ethnologue rattrape le romancier.
Si Maupassant veut préserver la vision d'une «*île magnifique, avec la sensation [d'être] au bout du monde*», Mérimée va lui au-devant des Corses. Avec, pour sa mémoire, tous les risques que suppose l'atrabilaire susceptibilité des autochtones.

PHILIPPE-JEAN CATINCHI

À NE PAS MANQUER

Agostino Guistiniani

À lire

Agostino Giustiniani, *Description de la Corse*, préface et notes d'Antoine-Marie Graziani, Éditions Alain Piazzola, Bastia, 1993

Prosper Mérimée

À visiter

Espace Colomba
Tour Colomba-Carbelli, 20143 Fozzano
Tél. 04 95 73 43 15
Ouverture en juin.

FRANCHE-COMTÉ

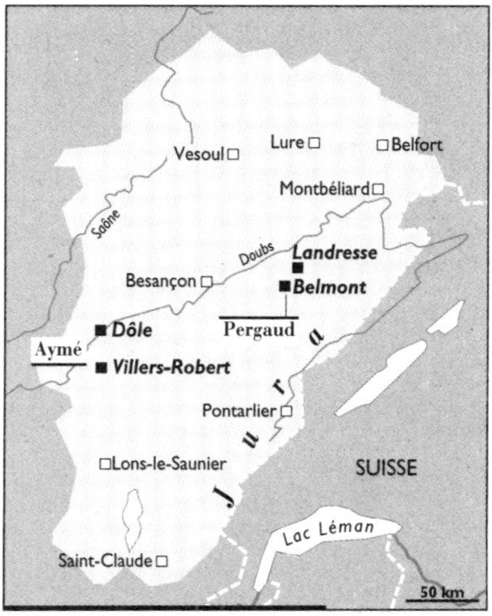

Cette ancienne terre d'Empire accueillit un moment, à Dole, la brillante cour de Frédéric Barberousse. Elle est devenue plus rustique. Louis Pergaud, instituteur, tombé à Verdun en 1916, en fit le théâtre d'un conflit pacifique, *La Guerre des boutons*, portée plusieurs fois à l'écran. Marcel Aymé, lui aussi franc-comtois, trouva ici une partie de sa veine romanesque. Avec *La Vouivre* et *La Jument verte*, il introduit le fantastique dans un quotidien rural.

Un hussard noir de la République à Belmont

Louis Pergaud

À Belmont, dans la maison de Louis Pergaud (1882-1915), le calendrier marque toujours la date du 2 août 1914 : le jour où l'instituteur a rejoint son régiment. Sur deux étages, l'univers de l'écrivain s'est figé avec sa cuisine d'époque intacte et sa salle de classe inchangée. Le musée regroupe des documents, dont un petit film d'une heure, retraçant la vie et l'œuvre du romancier, et réunit tout un ensemble d'animaux empaillés, tous évoqués dans les récits de l'auteur franc-comtois.

Proclamé «Balzac des animaux» dès son prix Goncourt obtenu en 1910 pour son récit *De Goupil à Margot, histoire de bêtes*, Louis Pergaud est né ici, à Belmont, en 1882. Il est tombé devant Verdun en 1915. Sa mémoire est entretenue par le corps enseignant qui a fait de cet instituteur, tombé au champ d'honneur, une figure emblématique.

Il doit une bonne partie de sa survie littéraire à son roman *La Guerre des boutons*, *«roman de ma douzième année»*, dont l'action se déroule dans le village : *«C'est sur ce terrain fatal, à égale distance des deux villages, que, depuis des années et des années, les générations de Longueverne et de Velrans s'étaient copieusement rossées, fustigées et lapidées, car tous les automnes et tous les hivers ça recommençait.»* Les épisodes de ce conflit lilliputien a été plusieurs fois porté à l'écran. Toute l'œuvre de Pergaud ne cesse de se référer à cette atmosphère lumineuse et légère qui règne sur les plateaux du Doubs et au sein de son village natal : *«Ce jour-là une vie multiple et grouillante, végétale et animale sourdait de partout, des crépitements des insectes et du chant des oiseaux à l'éclatement des bourgeons et au gonflement des rameaux, craquant dans l'air vibrant comme des muscles qui s'essaient.»*

DE GOUPIL À MARGOT, HISTOIRE DE BÊTES, 1910
LA GUERRE DES BOUTONS, 1912

Élevé à la campagne, le jeune Louis se passionne très tôt pour la nature – celle qui l'environne – avec ses bois, ses prés et sa source de la Moraie. *«Cela pinçait sec, ce soir-là. Il faisait un temps clair de nouvelles lunes. La fine corne d'argent pâle, translucide encore aux derniers rayons du soleil, prédisait une de ces nuits brutales et franches qui vous rasent les feuilles, les dernières feuilles, claquant sur leurs*

Louis Pergaud.

branches désolées comme les grelots fêlés des cavales du vent.» (*La Guerre des boutons*)

Il a vingt-six ans lorsque sa première œuvre paraît – *L'Herbe d'avril* –, évoquant avec lyrisme la ruralité franc-comtoise. Son œuvre reconstitue les pièces d'un puzzle régional qu'il affectionnera toute sa vie durant: «*Ce petit coin de terre où avait tenu tout son cœur*», confesse-t-il. Sans cesse sont cités les noms «magiques» de Guyans-Vennes, Orchamps-Vennes, Durnes et Landresse (devenue Longueverne dans *La Guerre des boutons*) ou encore ceux de Combes-aux-Mûres et Les Bougeottes, aux parfums d'encre violette.

L'Herbe d'avril, 1908

Marie-Laure Roinard

Le fantastique rural de Marcel Aymé

Marcel Aymé

C'est peut-être autour de la butte Montmartre qu'on s'attendrait à retrouver Marcel Aymé (1902-1967)... Mais l'auteur du *Passe-Muraille*, d'*Uranus* et des *Contes du chat perché* fut *«campagnard»* avant de devenir citadin. Ces quatre romans franc-comtois, *La Table-aux-crevés*, *La Jument verte*, *Gustalin* et *La Vouivre* s'abreuvent des mythes et des intrigues de ce pays sauvage.

Le Passe-Muraille, 1943
Uranus, 1948
Les Contes du chat perché, 1934-1958

Ces livres ont en commun l'affrontement des républicains et des cléricaux, qui font le sel de *La Jument verte*, tandis que rivalisent sans fin les clans Haudoin et Maloret. Ils nous ramènent aussi au pays familier qu'Aymé a connu dans son enfance, la campagne, au sud de Dole, sur la rive gauche de la Saône. À l'est, en arrière-plan, les monts du Jura apparaissent *«comme aux jours les plus purs, dans une mousseline d'un brouillard bleu qui fondait les reliefs»* (*Gustalin*). Chez Aymé, le paysage est parfois séduisant, mais le plus souvent, l'écrivain se défie du pittoresque – écrivain du terroir, il ne veut point l'être : *«D'abord, je puis dire que les splendeurs de la nature me laissent indifférent. Les monts majestueux, les plaines riantes, les frais ruisseaux, les cascades bondissantes et le grand tralala pittoresque ne me font pas plus d'effet qu'un camée à une jument noire»* (*Comment j'aime la Franche-Comté*, 1931).

La Table-aux-crevés, 1929
La Jument verte, 1933
Gustalin, 1937
La Vouivre, 1943

De la terre, il décrit la réalité, plutôt que les fantasmes... Il nous parle de la France d'avant 1940, un pays agraire qui vit lentement, au rythme des bœufs et des chevaux. La société rurale gravite entre les champs et la foire de Dole, entre l'église et l'épicerie-tabac-café. Il est question de champs de blé vert et de seigle livide, de cours de fermes maculées : *«Il avait suffi de quelques jours pluvieux pour que le fumier s'épanouit à nouveau, salissant tout, autour de la maison, avec ses traînées de sépias et ses flaques de noir purin»* (*Gustalin*).

À Villers-Robert, le grand-père de Marcel Aymé régente en patriarche la tuilerie où la famille et les employés vivent en communauté. La tuilerie (toujours propriété de la famille

Aymé) est cernée de champs et de prés ; elle jouxte aussi les forêts épaisses où le jeune Marcel et sa sœur s'aventurent, frissonnants, pour surprendre ses mystérieux habitants ; comme ces chiffonniers de *La Table-aux-crevés*, ils hantent leurs cabanes perdues... La Bresse n'est pas loin. Les bois renferment une multitude d'étangs plus où moins secrets... Ici commence le domaine de la Vouivre, merveilleuse et cruelle reine de ces eaux dormantes et gardienne d'un énorme rubis qu'elle dépose sur les rives avant de se baigner... Entre la nuit et l'aube, le monde sauvage reprend ses droits jusque dans les villages. «*C'était l'heure où les écuries chaudes se souviennent de la vie et, dans l'aube résonnante, les bêtes jetaient l'appel de la faim.*» (*La Table-aux-crevés*)

À quinze kilomètres de là, Dole apparaît déjà comme une enclave de la civilisation, presque un autre monde. C'est au collège de Dole que Marcel Aymé fera ses études. La légende veut qu'il fut un véritable cancre... Le jeune homme se distingue par un sens de l'observation qu'il pousse jusqu'à la caricature. Ainsi, par exemple, le personnage de Germaine Mindeur, dans *La Vouivre*, «*taillée comme un cuirassier, un cent-garde, un grenadier prussien, avec une encolure néronienne et des bras de bûcherons, mais les seins lourds et durs, éclatants qui bombaient l'étoffe de ceinture, et la croupe pareillement rebondie et toujours inspirée, était la dévorante, la ravageuse, la tempête, l'useuse d'hommes et la mangeuse de pucelages*». Sur la place du champ de foire ou dans le quartier de la gare, Aymé rencontre quelques personnages lyriques qu'il croque à grands traits. Comme Brûlebois, le porteur de bagages ivrogne, qui lui donne, en 1925, le sujet et le titre de son premier roman.

Dole, la basilique et le canal des tanneurs.

Cyril Jarton

À NE PAS MANQUER

Louis Pergaud

À visiter

Maison Louis Pergaud
25530 Belmont
Tél. 03 81 58 31 65
ou 03 81 58 36 40 (mairie)

Marcel Aymé

À voir

La Tuilerie
Route de Seligney
39120 Villers-Robert

HAUTE-NORMANDIE

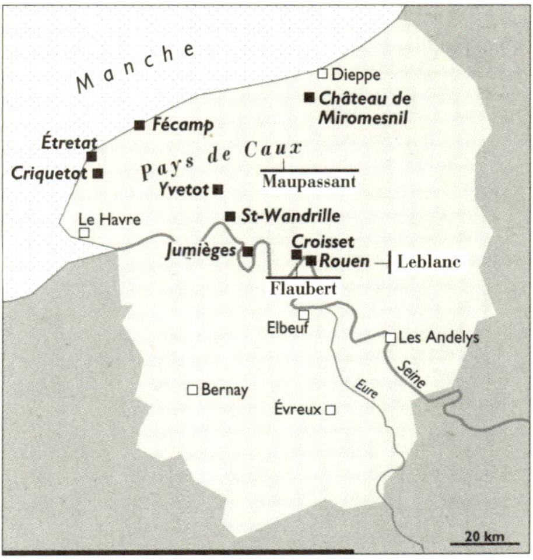

Flaubert et Maupassant : tous deux normands, tous deux amoureux du mot juste. La comparaison s'arrête là. Le premier, après la sortie de *Madame Bovary*, vécut claquemuré dans son «gueuloir» de Croisset. Le second courait les bocages de Haute-Normandie, accumulant les notations pour ses courts récits. Il n'a pas manqué Étretat, dont la fameuse aiguille n'avait pas encore été percée à jour par Maurice Leblanc qui en fit le ressort d'une des aventures d'Arsène Lupin, le gentleman-cambrioleur.

Maître et disciple sur les chemins de Haute-Normandie

Gustave Flaubert et Guy de Maupassant

À pied, le plus souvent, en calèche, parfois, Guy de Maupassant (1850-1893) fait «le rapin». Il vagabonde sac au dos par les chemins poussiéreux, va à plaisir d'auberge en auberge, dans le triangle du pays de Caux : Rouen au sud, Dieppe au nord, à l'ouest Le Havre, où se situe l'action du roman *Pierre et Jean*. Ainsi pense cet heureux promeneur : «*On va par le chemin qui vous plaît, sans autre guide que sa fantaisie, sans autre conseiller que le plaisir des yeux. On s'arrête parce qu'un ruisseau vous a séduit, parce qu'on sentait bon les pommes de terre frites devant la porte d'un hôtelier. Parfois c'est un parfum de clématite qui a décidé de votre choix, ou l'œillade naïve d'une fille d'auberge.*» À Jeanne de Lamare, l'héroïne d'*Une Vie*, Maupassant confie les châteaux de son enfance : Miromesnil d'abord, où il naquit en 1850, puis le beau manoir de Grainville-Ymauville, près du Havre. C'est ici, au crépuscule, dans les allées du parc, que Laure et Gustave, ses parents, se déchirent. Elle était snob et excessivement ambitieuse ; il était rustique, amateur de femmes et de chasse ; ils se séparèrent. La sensibilité de Maupassant oscillera donc entre ces deux extrêmes, attachés aux fêtes paysannes comme aux salons huppés où il fera plus tard évoluer l'ambitieux *Bel-Ami*.

***Pierre et Jean*, 1884**
***Une Vie*, 1883**
***Bel-Ami*, 1886**

Si Maupassant manifeste tôt le désir d'écrire, sa mère ne veut rien décider sans prendre l'avis de son ami Flaubert (1821-1880). Ce dernier est régulièrement informé des progrès du jeune homme. Quand Laure de Maupassant enverra son fils à la rencontre du déjà illustre écrivain, voici le billet qui le précédera : «*Dis-moi s'il t'a lu quelques-uns de ses vers et s'il y a là autre chose que de la facilité... Si tu dis oui, nous encouragerons le bon garçon dans la vie qu'il*

Première lettre guide de Guy de Maupassant à Flaubert, 1877.

Emma Bovary se promène accompagnée, 1906.

préfère ; mais si tu dis non, nous l'enverrons faire des perruques.» Maupassant se rend donc à Rouen où demeure celui qui doit décider de son destin. C'est peut-être avec les yeux de *Bel-Ami* qu'il découvrit la cité : «*La ville apparaissait sur la rive droite, un peu noyée dans la brume matinale, avec des éclats de soleil sur ses toits, et ses mille clochers légers, pointus ou trapus, frêles et travaillés comme des bijoux géants, ses tours carrées ou rondes coiffées de couronnes héraldiques, ses beffrois, ses clochetons, tout le peuple gothique des sommets d'églises que dominait la flèche aiguë de la cathédrale, surprenante aiguille de bronze, laide, étrange et démesurée, la plus haute qui soit au monde.*» Flaubert reçoit le jeune homme dans sa vaste demeure de Croisset, au bord de la Seine. En guise de musée, on ne trouvera aujourd'hui à Croisset qu'un pavillon renfermant le siège et quelques autres éléments du cabinet de travail de Flaubert, dont l'essentiel (en particulier la bibliothèque) est conservé au premier étage de la mairie de Canteleu. Comme Maupassant, Flaubert est un véritable Normand et le clame : «*Je suis un barbare, j'en ai l'élan, l'entêtement, l'irascibilité. Normands tous autant que nous sommes, nous avons quelque peu de cidre dans les veines. C'est une boisson aigre et fermentée qui quelquefois fait sauter la ronde.*» Rouen et les bourgs environnants, Flaubert en a dépeint l'atmosphère et les mœurs pesantes dans son chef-d'œuvre de 1857, *Madame Bovary*. Cette jeune femme dont l'éducation au couvent a exacerbé les aspirations romanesques, cette Emma qui étouffe dans le petit cercle d'une province conformiste, Flaubert ira jusqu'à dire qu'elle n'est autre que lui-même. À Rouen, le couvent de Flaubert fut l'Hôtel-Dieu. Il y naquit le 12 décembre 1821, dans l'appartement de fonction que son père, prévôt d'anatomie à l'hôpital de Rouen, occupait au 51 de la rue Lecat : «*L'amphithéâtre de l'Hôtel donnait sur notre jardin ; que de fois avec ma sœur, n'avons-nous pas grimpé au treillage et, suspendus entre la vigne, regardé curieusement les cadavres étalés ; le soleil donnait dessus, les mêmes mouches qui voltigeaient sur nous*

MADAME BOVARY, 1857

et sur les fleurs allaient s'abattre là, revenaient, bourdonnaient.» Au jeune Maupassant qui lui rend visite pour la première fois, un jour de 1867, voilà ce qu'il dira: «*Le talent est une longue patience. Il s'agit de regarder tout ce qu'on veut exprimer assez longtemps pour en découvrir un aspect qui n'ait été dit ou vu par personne.*»
Maupassant reviendra souvent à Croisset où il est accueilli chaleureusement. Mais, pour l'heure, placé dans la morne institution ecclésiastique d'Yvetot, il n'a qu'une idée: aller retrouver sa mère qui habite désormais Étretat. Au centre de sa carte intime, la bourgade est une volupté permanente. Sur la côte, il s'imprègne des gestes des pêcheurs, décrit minutieusements leurs longs filets bruns, regarde les embarcations dévaler à grand bruit les galets. À rouvrir ses *Contes de la bécasse*, on se souviendra du manchot Javel qui perdit son bras lors d'une pêche tragique. Arrivant par la mer, Jeanne de Lamare, l'héroïne d'*Une Vie*, découvre «*les grandes falaises d'Étretat, pareilles à deux jambes de la falaise marchant dans la mer, hautes à servir d'arches à un navire*». C'est encore à Étretat que, des années plus tard, il décidera de bâtir une demeure selon son goût. Sur la route de Criquetot se dresse encore la fameuse Guillette, vaste et claire, dont le clinquant mobilier fit dire à Edmond de Goncourt qu'il s'agissait «*d'un logis de souteneur caraïbe*». Quand il quitte la côte pour l'intérieur des terres, Maupassant s'attarde avec les paysans: leur français approximatif et fleuri, leurs rudesses, leurs fêtes, lui inspirent de nombreux contes, comme la *Farce normande* ou *La Rampailleuse*. À Fécamp, rue Sous-le-Bois, la maison de sa grand-mère s'accroche toujours à la falaise de la côte de la Vierge. C'est là qu'il imagina la Maison Tellier, bordel où les clients découvrirent un jour cette note stupéfiante: «*Fermé pour cause de première communion*».

***Les Contes de la bécasse*, 1884**

Le 8 mai 1880, les parcours de Flaubert et de Maupassant vont se croiser une ultime fois; c'est encore à Rouen. Quelques jours après qu'il a applaudi au succès de *Boule-de-Suif* (premier succès parisien de Mau-passant), Flaubert est terrassé par une crise d'apoplexie. Accourant à son chevet, Maupassant fera lui-même la toilette mortuaire du «Vieux». En tête du convoi qui gravit la côte de Canteleu, vers le cimetière monumental de Rouen, on reconnaîtra encore la silhouette de Maupassant.

***La Maison Tellier*, 1881**
***Boule-de-Suif*, 1880**

CYRIL JARTON

À Rouen, sur les traces d'Arsène Lupin

Maurice Leblanc

Le père d'Arsène Lupin, Maurice Leblanc (1864-1941), est devenu célèbre malgré lui grâce à ce gentleman-cambrioleur. «*Depuis 1903, il commande et j'obéis, c'est lui qui s'installe à ma table de travail.*» Son «*poignard d'Ingres*», comme il le nomme, l'aurait en quelque sorte contraint d'abandonner son désir d'égaler Maupassant. Relégué au rang de «Conan Doyle français», Maurice Leblanc devint donc cet écrivain populaire dont la notoriété passe par des hauts et des bas mais qui a toujours suscité un solide noyau d'amateurs – il existe aujourd'hui un très sérieux Centre d'études lupiniennes. La biographie discrète de Maurice Leblanc est occultée par celle de son héros. Mais toutes deux se déroulent en grande partie en Haute-Normandie, entre Rouen et Étretat.

Maurice Leblanc est né à Rouen, au n° 2 de la rue Fontenelle (aujourd'hui rue Jeanne-D'Arc), près des quais de la Seine, «*promenade favorite des Rouennais, le dimanche*», dans une famille aisée de la bourgeoisie. Son père, armateur et négociant en bois et charbon, est d'une grande rigueur et ce n'est sans doute pas un hasard si le jeune Maurice crée, des années plus tard, un personnage qui ne cessera de transgresser les lois.

Jusqu'en 1873, les Leblanc vivent dans la riche demeure de la rue Jeanne-d'Arc. Après cette date, ils s'installent au n° 4 de

La plage d'Étretat.

la rue Baillage, dans une maison bâtie au début des années 1860. Rouen a d'abord marqué l'œuvre de Leblanc directement dans ses premiers écrits. Plus tard, il rendra hommage à sa ville natale dans sa *Lettre ouverte à André Maurois* : «*Rouen est une ville que l'on n'oublie point quand on y a vécu, et dont l'empreinte est marquée au plus profond de nous-mêmes.*» Ses promenades en bateau notamment sont inscrites en sa mémoire, celles qu'il faisait pour se rendre à La Bouille comme beaucoup de Rouennais : «*Croiset ! Le Val de la Haye ! La Bouille ! Que de fois tout enfant, j'ai navigué sur un étrange bateau qui faisait le service, et qui coula, près du Pont-Suspendu...*»

***Lettre ouverte à André Maurois*, 1929**

Mais s'il est un lieu qui hanta le jeune Maurice, c'est bien Étretat et les environs de Jumièges, où son oncle possède une maison, dans laquelle les Leblanc passent la plupart de leurs vacances : «*Le seul nom de Jumièges a toujours été pour moi la plus douce évocation de mon enfance ; jusqu'en 1882, j'y demeurais, enfant et adolescent, durant la plus grande partie de mes vacances.*» Ils s'y rendaient en calèche et Maurice en fera le décor de *La Comtesse de Cagliostro* : «*De Rouen à Duclair, et en avant cette localité, la route court entre les vergers qui bordent la Seine et la blanche falaise qui domine le fleuve. Des trous*

***La Comtesse de Cagliostro*, 1924**

sont creusés à même la craie et servent à des paysans ou à des ouvriers pour y abriter leurs instruments, quelquefois pour y loger eux-mêmes.» C'est donc près de Jumièges que Maurice pourra laisser courir son imagination: «*Loin de la maison que nous avions louée à Étretat, tout au bout du jardin ténébreux où le petit garçon que j'étais ne se risquait pas sans quelque émoi, il y avait une vieille caloge à la retraite, blessée à mort, avec un toit de chaume déplumé que rapiéçaient des lambeaux de carton. Personne ne se promenait jusque-là. Ce fut mon royaume. J'y lisais des livres d'aventure et je rêvais d'être pirate.»* (*Vieille Caloge*)

Ses moments de joie étaient donc ceux passés loin de tout et surtout de la pension Patry – située sur le boulevard Jeanne-d'Arc, actuel boulevard de la Marne – qu'il fréquente de 1875 à 1882. Plus tard, le lycée Corneille ne lui laissera pas, non plus, un souvenir impérissable: «*Nous étions tous vêtus d'un uniforme noir à boutons d'or, et façonnés d'après une méthode qui ne pouvait s'adapter à chacun de nous sans meurtrir la plupart dans ses aptitudes.»* (*L'Enthousiasme*) De ces années, il ne gardera en mémoire que cette étrange compétition que tous les élèves pratiquaient entre eux afin d'être premier au classement annuel. L'on peut ainsi effectuer un parallèle entre les relations de Lupin avec son redoutable adversaire Herlock Sholmes, et celles entretenues par l'«élève» Leblanc et Léon Dudouis: celui-ci donnera ainsi son nom à un piètre inspecteur de police allègrement berné par le gentleman-cambrioleur (*Arsène Lupin contre Herlock Sholmes, Huit cent treize, Les Confidences d'Arsène Lupin*). Cette éducation stricte autant que religieuse explique peut-être sa fascination pour les églises: celle située à Rouen – l'église Saint-Godard – et à Jumièges – l'église Saint-Pierre avec sa «*grande nef, entre les murailles séculaires aux fresques jaunes et bleues, où s'accrochent çà et là les lierres et les ronces*» (*Des Couples*). Il signera même quelques-uns de ses premiers contes sous le pseudonyme «l'abbé de Jumièges».

VIEILLE CALOGE, 1933
L'ENTHOUSIASME, 1901

ARSÈNE LUPIN CONTRE HERLOCK SHOLMES, 1908
HUIT CENT TREIZE, 1910
LES CONFIDENCES D'ARSÈNE LUPIN, 1914
DES COUPLES, 1890
ARSÈNE LUPIN EN PRISON, 1905

Des promenades dans la vallée de la Seine, des excursions sur les ruines gothiques de Saint-Wandrille, et même la découverte du mystérieux souterrain qui va de l'abbaye au vieux manoir du Mesnil (*Arsène Lupin en prison* ou *La Comtesse de Cagliostro*) demeurent des itinéraires possibles pour tous les «lupiniens» soucieux de parcourir le pays de Caux.

SANDRINE AZOULAY

À NE PAS MANQUER

Guy de Maupassant

À visiter
Château de Miromesnil
Tourville-sur-Arques, 76550 Offranville
Tél. 02 35 85 02 80

Gustave Flaubert

À visiter
Musée Flaubert et d'Histoire de la Médecine
51, rue Lecat, 76000 Rouen
Tél. 02 35 15 59 95
À visiter
Pavillon Gustave-Flaubert
18, quai Gustave-Flaubert, 76380 Dieppedalle-Croisset
Tél. 02 35 36 43 91
À visiter
Galerie Bovary
76116 Ry
Tél. 02 35 23 61 44
Automates interprétant *Madame Bovary*.

Maurice Leblanc

À voir
Maison de Maurice Leblanc
4, rue du Baillage, 76000 Rouen

ÎLE-DE-FRANCE

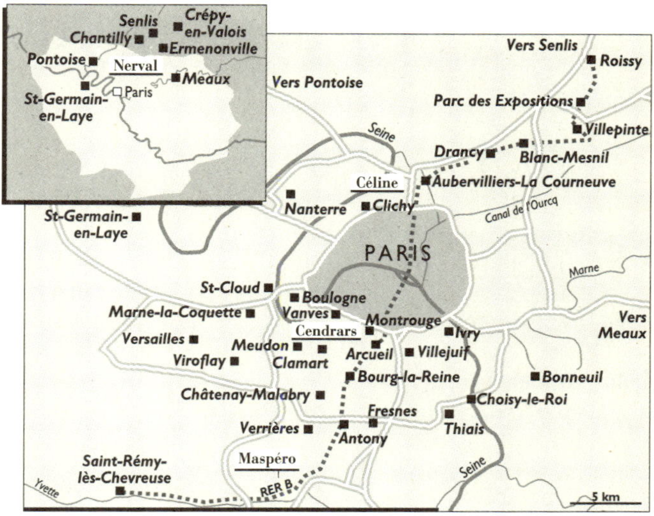

Littérairement, cette région souffre du voisinage de la capitale. Il faut l'aérien Nerval pour parcourir – à pied – les environs de Paris. Les communes suburbaines seront vites condamnées à n'être que de médiocres villes au rabais dont Cendrars et Céline diront la désespérance. Aujourd'hui, François Maspéro les explore méthodiquement, comme on explore des contrées lointaines, en utilisant une ligne de RER comme unique moyen de transport.

Un infatigable piéton en Île-de-France

Gérard Labrunie, dit Gérard de Nerval

Le 26 janvier 1855, à 7 heures du matin, il gelait à pierre fendre quand on trouva le corps de Gérard de Nerval (1808-1855) pendu à une grille, rue de la Vieille-Lanterne. Le poète, qui portait encore son chapeau sur la tête, «*preuve que l'agonie avait été douce*», nous dit son ami Alexandre Dumas, n'avait pas quarante-sept ans. Cet infatigable piéton avait choisi une des rues les plus infectes de la capitale pour mettre fin à ses jours. Louis-Sébastien Mercier nous les décrit, à la veille de la Révolution, «*étroites, fétides, baignées de sang de bestiaux à moitié corrompu*». Un demi-siècle plus tard, elles n'avaient pas changé. L'architecte Hoffbauer compare alors ces rues «*à des tranchées ouvertes dans une falaise*». Et Alexandre Dumas évoque, dans ses *Nouveaux Mémoires*, «*l'escalier visqueux qui coupait le passage*», «*l'égout à ciel ouvert, fermé par une grille*», situé en face «*d'une fenêtre cintrée, avec des barreaux de fer pareils à ceux qui grillent les fenêtres des prisons*». Et le romancier ajoute: «*On croirait entrer dans le troisième cercle de l'enfer.*»

Ce quartier, qui s'étendait entre la Seine, la place du Châtelet et la rue Saint-Martin, a disparu. Le Théâtre de la Ville a remplacé les venelles mal famées – rue de l'Écorcherie, rue de la Tuerie – peuplées de bordels fréquentés par les garçons bouchers des proches abattoirs. Entre les deux guerres, le groupe surréaliste entreprit des recherches minutieuses pour déterminer avec exactitude l'endroit où le poète s'était suicidé. Après des visites répétées au cadastre, il acquit la certitude que la grille où Gérard de Nerval s'était pendu se trouvait exactement à l'emplacement actuel du trou du souffleur du théâtre...

La difficulté de l'enquête tient au bouleversement de Paris par Haussmann, qui a en partie anéanti la ville de Nerval. Disparu le marché des Innocents, où l'on pouvait souper toute la nuit à côté des marchands de légumes; évanouis les tapis-francs de l'avenue des Champs-Élysées, où l'on buvait le vin bleu de Suresnes, comme le *Bal des Chiens* de la rue Saint-Honoré et le *Café des Aveugles* du Palais-Royal avec son orchestre «*homérique*»; démolie la prison Sainte-Pélagie

(56, rue de la Clef) où étaient internés les «*politiques*», sous la monarchie de Juillet (Nerval y passa quelques jours). Les carrières de Montmartre, «*où s'étaient réfugiés les monstres informes reconstruits par Cuvier*», autrefois hantées par les indigents et les fugitifs, sont inaccessibles ou comblées. Le boulevard du Temple est méconnaissable. Restent la Passerelle des Arts (encore a-t-elle été refaite «*à l'identique*») et la place de la Concorde, dont Nerval moquait les statues, les fontaines et les lampadaires qui venaient d'y être placés.

Entrée de l'hôtel de la Sirène, à Meaux, 1870.

Si l'on veut retrouver les «vrais» paysages de l'auteur de *Sylvie*, il faut sortir de Paris en ayant pris soin de prendre avec soi *La Bohême galante* et *Promenades et souvenirs* : gagner Meaux et sa cathédrale, passer devant l'hôtel où descendait Nerval, à l'enseigne de la *Sirène*, depuis peu vendu en appartements (rue du Général-Leclerc), puis filer à Crépy-en-Valois, visiter l'ancien château des comtes de Valois, transformé en prison sous la Révolution – Nerval y fut enfermé une nuit faute de papiers d'identité –, aujourd'hui le musée Chopinet où sont évoqués les souvenirs de traditions locales : par exemple celui des confréries d'archers dont parle l'auteur d'*Aurélia*, vivaces jusqu'au XIXe siècle dans les villes voisines, Loisy, Senlis, dont le décor est presque intact. «*Je me plaisais tant dans cette ville, où la Renaissance, le Moyen Âge et l'époque romaine se retrouvent çà et là – au détour d'une rue, dans un jardin, dans une écurie, dans une cave*». Un peu plus loin, le poète retrouverait sans étonnement les ruines de l'abbaye de Châalis («*à ce nom je me ressouvins d'une époque bien éloignée... celle où l'on me conduisait à l'abbaye, une fois par an, pour entendre la messe et pour voir la foire qui avait lieu près de là*»). C'est aujourd'hui une propriété de l'Institut qui abrite une partie des collections qui lui ont été léguées. Ermenonville, sa forêt et son parc à fabriques sont toujours là : «*Au bord des eaux, des temples ronds, à colonnes de marbre, consacrés soit à la Vénus génitrice, soit à Hermès consolateur. [...] La tombe de Rousseau est restée telle qu'elle était avec sa forme antique et simple, et les peupliers effeuillés, accompagnent encore d'une manière pittoresque le monument qui se reflète dans les eaux dormantes de l'étang.*» Le château de Mortefontaine, où il passa une partie de son enfance, n'est plus accessible. Il décou-

Sylvie, 1854
La Bohême galante, 1852
Promenades et souvenirs, 1854-1855
Aurélia, 1855

vrirait en revanche le château de Chantilly, rasé sous la Révolution et qui n'avait pas encore été reconstruit par le duc d'Aumale. *«Chantilly est comme une longue rue de Versailles. Il faut voir cela l'été, par un splendide soleil, en passant à grand bruit sur ce beau pavé qui résonne. Tout est préparé là pour les splendeurs princières et pour la foule privilégiée des chasses et des courses. Rien n'est étrange comme cette grande porte qui s'ouvre sur une pelouse du château et qui semble un arc de triomphe, comme le monument voisin qui parait une basilique et qui n'est qu'une écurie».*

Il faut achever par Pontoise et Saint-Germain-en-Laye *«couronné par le profil sévère du château de François Ier. J'ai toujours aimé ce château bizarre, qui sur le plan a la forme d'un D, en l'honneur, dit-on de la belle Diane»*, ce tour de l'Île-de-France que Nerval faisait à pied, en maudissant le chemin de fer. Avec pour guide *Les Filles du feu* ou *Les Nuits d'octobre* de l'infatigable promeneur qui écrivait, la veille de sa mort, à sa tante Labrunie: *«Ne m'attends pas ce soir, car la nuit sera noire et blanche.»*

LES FILLES DU FEU, 1854
LES NUITS D'OCTOBRE, 1852

EMMANUEL DE ROUX

Jus de fumée et gadoues noires

Louis Ferdinand Destouches, dit Céline

Où se trouve, pour Céline (1894-1961), l'issue du voyage, le bout de la nuit? Quelque part dans les tranchées de la Grande Guerre? Un trou perdu au fond d'une colonie? À New York ou Chicago dans l'Amérique désenchantée des immigrants? Non, Bardamu, le héros du *Voyage au bout de la nuit*, échouera finalement dans une sinistre ville de banlieue, Rancy, au nord de Paris. *«Ce n'est pas le tout d'être rentré de l'Autre Monde. On retrouve le fil des jours comme on l'a laissé à traîner par ici, poisseux, précaire. Il vous attend.»* Après avoir vécu de petits métiers, entre la place Clichy et les

VOYAGE AU BOUT DE LA NUIT, 1932

Ci-dessus : *Bébert, la tante, le docteur.* Page 112 : *Le Docteur en visite à Rancy.* Dessins de Jacques Tardi.

Batignolles, il obtient finalement son diplôme de médecine : «*Je l'avais mon titre, bien ronflant. Alors j'ai été m'accrocher en banlieue, mon genre, à la Garenne-Rancy, là, dès qu'on sort de Paris, tout de suite après la porte Brancion*».
Derrière les noms fictifs de la Garenne-Rancy ou de Vigny-sur-Seine, on reconnaîtra peut-être l'atmosphère de l'hôpital de Villejuif, où Céline fera son stage de spécialisation, en 1923. Après avoir travaillé et voyagé, pendant quatre ans, dans le cadre de la Société des Nations (SDN), c'est à Clichy que le futur écrivain ouvrira son cabinet médical ; fort peu de temps, du reste, car il exercera, pour l'essentiel, au dispensaire de Clichy. C'est dans cette banlieue nord que se situe le dernier volet de *Voyage au bout de la nuit.*
Les clients du docteur Destouches sont, comme tous les personnages de Céline, grotesques et touchants, mauvais payeurs : «*Ils avaient l'air si misérables, si puants, si torves aussi, que je me demandais toujours où ils allaient trouver les vingt francs qu'il fallait me donner, et s'ils n'allaient pas me tuer en revanche.*» Quant au paysage et à l'air de Rancy, ils n'arrangent pas la santé ; les descriptions de *Voyage au bout de la nuit* donnent la pleine mesure de son hallucinante laideur : «*La lumière du ciel de Rancy, c'est la même qu'à Détroit, du jus de fumée qui trempe la plaine depuis Levallois. Un rebut de bâtisses tenues par des gadoues noires au sol. Les cheminées, des petites et des hautes, ça fait pareil de loin*

qu'au bord de la mer les gras piquets dans la vase. Là-dedans, c'est nous.» En guise de cure, le docteur ne peut recommander qu'une promenade au cimetière : «*[...] c'est le seul espace un peu boisé d'un peu d'étendu dans la région*». Le dimanche, les souffreteux habitants de Rancy vont se promener au bord de la Seine, qui circule par ici «*comme un grand glaire en zigzag d'un pont à l'autre*». Le reste de la semaine, Céline, exerçant dans «*un petit appartement au bord de la zone*», observe le rythme de la ville qui s'emplit et se vide au rythme du tramway qui emporte les travailleurs à Paris et les ménagères au marché de Saint-Ouen... Dans *Voyage au bout de la nuit*, il anticipe le développement du grand chaos urbain que nous connaissons aujourd'hui : «*Entre la rue Ventru et la place Lénine, c'est plus guère que des immeubles locatifs. Les entrepreneurs ont pris presque tout ce qu'il y avait encore de la campagne, les Garennes, comme on les appelait. Il en restait tout juste encore un peu vers le bout, quelques terrains vagues, après le dernier bec de gaz.»* Par la suite, le docteur exerce, non loin, à l'asile de Vigny-sur-Seine : «*On l'intitulait Maison de santé sur les notices, à cause d'un grand jardin qui l'entourait, où nos fous se promenaient pendant les beaux jours.»* Le décor de Vigny-sur-Seine, où le professeur Baryton nourrit ses pensionnaires de nouilles et de bordeaux râpeux, n'a rien à envier, pour le sinistre, à celui de Rancy : «*Vigny-sur-Seine se présente entre deux écluses, entre ses deux coteaux dépouillés de verdure, c'est un village qui mue dans sa banlieue. Paris va le prendre.»* C'est ici, finalement, tout près de nous, tandis que la cité cannibale dévore ses habitants, qu'apparaît le bout de la nuit : «*Les gens sont inquiets, les enfants n'ont déjà plus le même accent que leurs parents. On se trouve comme gêné quand on y pense d'être encore de Seine-sur-Oise. Le miracle est en train de s'accomplir [...]. La Seine a tué ses poissons et s'américanise entre une rangée double de verseurs-tracteurs-pousseurs qui lui forment au ras des rives un terrible râtelier de pourriture et de ferraille.»* Devant ce spectacle, Céline écoute, au bord du vide, la terrible plainte : «*Je crois qu'il me venait des forces à écouter ces choses-là, des forces d'aller plus loin, des drôles de forces et la prochaine fois, alors je pourrai descendre encore plus bas la prochaine fois, écouter d'autres plaintes encore qu'on n'a pas entendues ni comprises.»*

CYRIL JARTON

La banlieue de Cendrars

Blaise Cendrars

En 1946, le photographe Doisneau était parti trouver Cendrars (1887-1961) à Aix-en-Provence pour faire un reportage sur l'écrivain. Rapidement, les deux hommes vont se trouver un goût commun pour les virées en banlieue parisienne. Le premier y habitait encore. Le second l'avait explorée dès l'époque des «fortifs» à la veille de la Première Guerre mondiale. Quelques mois plus tard, ils mettent leur projet à exécution. De leurs tours et détours sont nées deux œuvres parallèles regroupées en un volume : *La Banlieue de Paris*. Les photos de l'un ne sont jamais des illustrations des textes de l'autre.

La Banlieue de Paris, 1949

Tandis que Doisneau a besoin de lumière pour ses travaux, Cendrars préfère la nuit pour tremper sa plume : «*C'est pourquoi mon texte est plus noir que les photos qu'il est censé d'éclairer...*»

Les déambulations de Cendrars sont ponctuées par des bistrots. «*Des bistrots, des bistrots, des bistrots, et si la zone périphérique s'est repliée d'un pas en arrière, elle s'épanouit aujourd'hui sur sa traditionnelle position de résistance, des bistrots, des bistrots, des bistrots tout le long de la route stratégique qui va du bas Meudon à Ivry-Port, [...] de Vanves, de Châtillon, de Montrouge, de Bicêtre, d'Ivry, des bistrots sur toute cette énorme banlieue Sud qui s'étend tous les jours en profondeur vers Bonneuil, Choisy-le-Roi, Thiais, Fresnes, Antony, Châtenay-Malabry, Le Plessis-Robinson, Le Petit-Clamart, les bois de Verrières et au-delà, les mêmes bistrots de toujours, contenant chacun son phénomène, son hâbleur, son buveur solitaire ou prodigue...*» Cendrars est un de ces soiffards, hâbleur et prodigue, dévidant ses souvenirs ou ceux des autres, enjolivant, inventant. Mais toujours sur un fond de vérité : «*Ici il n'y a pas d'illusion, pas d'ivresse exotique, pas de chiqué littéraire possibles sur les émanations harmonieuses de Doisneau ou sur les grands tableaux de la nature ; ici, en un mot, c'est la misère.*»

En 1946, les îlots de pauvreté crue foisonnent, à l'est comme à l'ouest. Énormes bidonvilles de Nanterre ou de Champigny. Ils ont disparu avec les Trente Glorieuses, remplacés par des cités sans âme mais qui possèdent néanmoins l'eau et l'électricité. Il faut suivre l'itinéraire proposé par Cendrars, de Boulogne à Versailles en passant par Saint-Cloud, Viroflay, Marne-la-Coquette, pour mesurer les changements de cette banlieue pourtant privilégiée. C'est à l'est que les ouvriers des grandes usines trouvaient un peu de répit, le long des *«féeriques»* rives de la Marne. *«La modernité a tout remis en question»*, note Cendrars. Il ne croyait pas si bien dire. À commencer par les usines en friche... Parcourir la banlieue de Paris avec Cendrars en poche est décidément une bien curieuse aventure...

Anne Routin

Un Bistro l'été à Arcueil,
par Robert Doisneau.

Le passager du Roissy-Express

François Maspéro

Pas besoin d'un planisphère pour parcourir le monde. Un simple ticket de RER suffit. François Maspéro (né en 1932) en a fait l'expérience. Avec son amie, la photographe Anaïk Frantz, il entreprit en 1989 ce périple dans une contrée si quotidienne, *«la traversée d'un désert de plusieurs millions d'habitants»*. Leur véhicule est donc une rame de la ligne B, qui joint Roissy à Saint-Rémy-lès-Chevreuse. Un mois durant, sans interruption, ils ont fait escale à chaque station, et logeant sur place, à l'hôtel.

Si, désormais, tous les voyages sont *«à la portée de quiconque peut se payer un charter»*, le chemin qui mène les voyageurs au bourg de Roissy-Village est complexe. Loin de la station, au bout d'une marche qui n'en finit pas, le village est étouffé par la toile d'araignée géante de l'aéroport. Tout est singulièrement calme pourtant autour de la petite église Saint-Éloi et des vieilles demeures bourgeoises. À la station suivante, Parc-des-Expositions, ils découvrent le parc départemental de Sausset, y croisent une femme et ses enfants qui semblent sortir de la

Les Passagers du Roissy-Express, 1990

brousse et, plus loin, un Africain portant sa valise sur la tête... Ils ne savent plus précisément où ils sont : *«Il existe comme ça aux confins du monde des contrées apparemment inhabitées où l'on voit parfois surgir sur les routes des gens qui cheminent vers d'improbables destinations.»* À Villepinte les attend un autre no man's land, le Vieux Pays et Tremblay *«où la vie semble suspendue, précaire comme un bivouac dans les ruines semées de papiers gras, au bord de l'abandon final»*.
Puis viennent Aulnay et le canal de l'Ourq, avec ses vieilles écluses, ses pêcheurs, ses pistes cyclables et quelques rives rêveuses... Le voyage continue. Ils s'attardent maintenant dans les vieilles cités ouvrières : Le Blanc-Mesnil avec ses équipements sociaux dont les noms rappellent la splendeur de l'ex-empire soviétique, La Courneuve et la tristement célèbre cité des 4 000... À Aubervilliers, les fortifs *«qui protégeaient le Paris d'avant la Première Guerre mondiale ne sont plus que terrains vagues et petits jardins de maraîchers...»*. Tandis qu'Anaïk Frantz photographie tags, immeubles et passants, Maspéro essaie de faire resurgir l'histoire enfouie. Qui se souvient, à Drancy, de la cité de la Muette où transitèrent des milliers de Juifs avant d'être enfournés dans des wagons à bestiaux, tout près de là, à la gare du Bourget ? Et à Aubervilliers, se souvient-on de Pierre Laval (l'homme à la cravate blanche), l'avocat qui consultait gratuitement dans les cafés et fut maire de la ville avant de basculer dans la collaboration ?
Après une traversée de Paris sans escale, la ligne B propulse les voyageurs vers la banlieue sud, petite-bourgeoise, plus

François Maspéro, par Anaïk Frantz.

calme, sommeillante telles Arcueil, à l'ombre de son aqueduc, Bourg-la-Reine et Sceaux, où ils croisent les autochtones élégants de la rue Houdan, errent dans les allées du parc et dans le château vide... Au fil de ce voyage s'évanouit le stéréotype d'une banlieue uniformément grise et sans histoire, hantée par un ennui permanent. Peut-être les passagers du Roissy-Express auront-ils alors la curiosité ou le goût d'aller jusqu'au bout de la ligne, à Saint-Rémy-lès-Chevreuse ? François et Anaïk ont continué au-delà : «*Le long des rails rouillés, [ils] doublent une patrouille de scouts en file indienne, suivant leur piste et portant haut leur totem, et voici la fin de la voie, le butoir : au-delà, c'est la jungle, où s'enfoncent les scouts*».

CYRIL JARTON

LANGUEDOC-ROUSSILLON

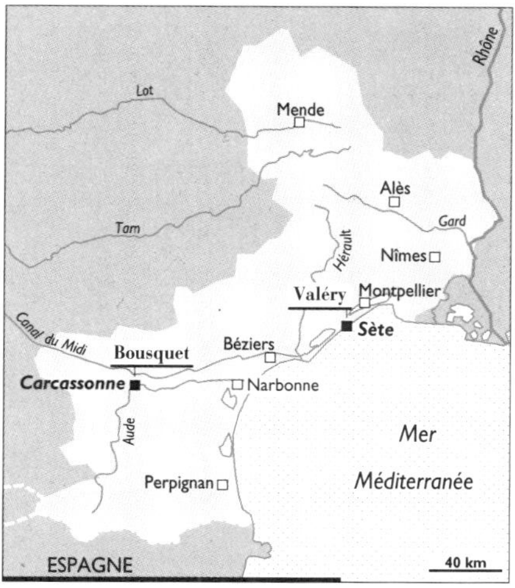

Deux poètes du XXe siècle se partagent la province. L'aîné, Paul Valéry, a immortalisé le *Cimetière marin de Sète*, sa ville natale, qui domine la Méditerranée, «*ce toit tranquille où marchent les colombes*». Le second, Joë Bousquet, fauché à la fin de la Première Guerre mondiale, est resté couché le reste de ses jours dans la pénombre d'une chambre close de Carcassonne, élaborant une œuvre exigeante. Une partie du monde des lettres a pris alors le chemin de la ville médiévale.

Dans la lumière de la Méditerranée

Paul Valéry

«Je suis né dans un de ces endroits où j'aurais aimé naître. Je me félicite d'être né en un point tel que mes premières impressions aient été celles que l'on reçoit face à la mer et au milieu de l'activité des hommes.» (*Variété*) Paul Valéry (1871-1945) ne tarit pas d'éloges sur la ville de Sète, cette *«île singulière»*, située à une trentaine de kilomètres au sud de Montpellier, et dans laquelle il vit le jour en 1871, au n° 65 de la Grand'rue. Dans une lettre adressée au maire de Sète en 1925, il écrit: *«Je dois à mon port natal les sensations premières de mon esprit, l'amour de la mer latine et des civilisations incomparables qui se fondèrent sur ses bords. Il me semble que toute mon œuvre se ressent de mon origine.»*

Élève au collège de Sète de la neuvième à la quatrième, il prononcera un discours dans sa cour en 1935 dans lequel il rendra hommage à une enfance sétoise vouée au culte de ces trois *«déités»* que sont la Mer, le Soleil et le Ciel: *«Et puis regardez par-dessus les toits : vous avez une grande chance, dans ce collège. Si vos yeux s'élèvent du livre ou du cahier, ils se posent sur la mer. Quant à moi, je dois beaucoup à ce regard de mes premières années d'élève dans ce collège.»* (*Lettre au maire de Sète*) Trop souvent considéré comme un versificateur ou un penseur académique, on oublie le jeune poète, confident de Mallarmé, l'ami du peintre Degas, le rêveur, le nageur – *«Donc, nage! donne de la tête dans cette onde qui roule vers toi, avec toi se rompt et te roule!»* – , ou encore l'amant, dont les vibrantes lettres destinées à Catherine Pozzi, demeurées inédites, se trouvent ici, à la médiathèque de Sète, deuxième fonds «valérien» après celui de la Bibliothèque nationale.

Variété, 1957
Lettre au maire de Sète, 1925
Le Cimetière marin, 1920

Les bateaux du port postés le long du canal Royal, qu'il aperçoit de sa fenêtre, lui inspireront d'innombrables réflexions: *«Il n'est pas de spectacle pour moi qui vaille ce que l'on voit d'une terrasse ou d'un balcon bien placé au-dessus d'un port. L'œil, dans ce poste privilégié, possède le large dont il s'enivre et la simplicité générale de la mer.»*

Le cimetière de Sète qui inspira à Paul Valéry *Le Cimetière marin*.

(*Variété*) Afin de retrouver la Méditerranée de l'auteur du *Cimetière marin*, on suivra la rampe Paul-Valéry, transversale à la Grand'rue où se trouvait sa maison, et qu'il empruntait lorsqu'il était enfant pour accéder à ce canal d'où il guettait l'activité des thoniers : «*Le dégoût que ce charnier me causait le disputait en moi à la sensation de beauté réelle et singulière de ce désordre.*» (*Variété*)
Paul Valéry aimait contempler la vue sur le port et la mer du Quartier-Haut de Sète et plus précisément de la rue Villaret-Joyeuse, d'où il pouvait apprécier «*l'architecture du décor, les profils de la terre, la perspective des eaux, se composant, comme la scène d'un théâtre où ne viendrait agir, chanter, mourir parfois, qu'un seul personnage :* LA LUMIÈRE» (*Variété*). De là, il faudra se rendre au Cimetière marin, où «*Les morts cachés sont bien dans cette terre, Qui les réchauffe et sèche leur mystère*» (*Poésies*). Le poète y repose depuis 1945. Juste au-dessus se trouve le musée Paul-Valéry et, dans la salle qui lui est réservée, on pourra découvrir manuscrits, éditions originales et aquarelles de l'écrivain. Mais c'est face à la mer et sous le soleil que le souvenir de Valéry résiste le mieux aux changements de la ville de Sète.

POÉSIES, 1957

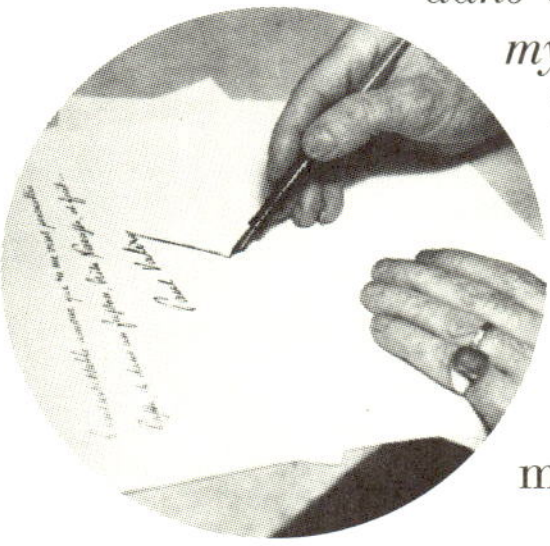

SANDRINE AZOULAY

À Carcassonne, une chambre ouverte sur le monde

Joë Bousquet

Joë Bousquet n'a que vingt et un ans lorsque, le 27 mai 1918, il est gravement blessé à la bataille de Vailly. Il devient alors un «homme horizontal», condamné à rester couché pour le restant de ses jours. Une vie nouvelle remplace la première. À celle du corps se substitue celle de l'esprit, bouillonnement incessant, impressionnante boîte à langage où les mots se bousculent pour alimenter une poésie parfois hautaine, souvent hermétique, grâce à laquelle il essaie d'atteindre la Vérité de l'Être. «*Mon émotion est le prix d'une vie accomplie en dehors de la vie elle-même.*» Convaincu que son état l'engageait à se responsabiliser davantage, Bousquet se sentait comme investi d'une mission. Il voulait suivre ce qu'il avait nommé «*son destin*», et le transcender. La souffrance devant être un moyen non pas de sombrer mais d'accomplir une transmutation du corps par l'esprit. Dans *La Connaissance du soir*, un de ses poèmes, «Quand l'âme eut froid», se termine ainsi :

> «*Tout est trop beau pour être vu*
> *Un amour plus grand que l'espace*
> *Ferme les yeux qui ne voient plus*
> *Et l'ombre que sa forme efface*
> *Mendiant son pas mendiant sa place*
> *Au jour mort d'un rêve pareil*
> *Dira des ombres qui la suivent*
> *Ma vie avait des yeux d'eau vive*
> *Passé prête-moi ton sommeil.*»

La maison de Joë Bousquet est située en plein cœur de l'Aude, à Carcassonne : «*On voit de partout les toits de Carqueyrolles (Carcassonne) resserrés dans une cuvette plantée de légumes que les maraîchers nomment encore la mare vieille [...]. La lumière étonne, surtout après l'été. Un éclat indécis enveloppe les maisons, le bleu s'envole, le gris est bleu. Quand le vent tombe, une brume se dissipe sur tout ce qui prend une couleur [...]. Dans cette ville bâtie en damiers, toutes les rues mènent à l'endroit que l'on cherche. Pas besoin de se diriger, on a tout loisir de regarder les passants,*

LA CONNAISSANCE DU SOIR, 1946

Joë Bousquet dans sa chambre.

toujours les mêmes, qui vont eux aussi à leurs affaires par le premier chemin venu, libres comme des animaux dans un parc.» (*Le Médisant par bonté*)

C'est dans ce «parc» qu'il vivra trente-deux ans. Trente-deux années alité dans ce même lieu clos – chambre bleue sobre – ... et pourtant ouvert sur le monde entier. C'est d'abord au n° 19 de la rue Verdun (actuel n° 23) que le poète vient s'installer en 1919. Puis il décide en 1924 d'habiter le n° 41 de la même rue (actuel n° 53). En pleine Bastide Saint-Louis, la demeure et sa pièce «maîtresse» (la chambre de l'écrivain), au calme étonnant, conservent la trace de passages illustres. Peintres, poètes et écrivains, tous genres et toutes générations confondus se sont bousculés chez cet étrange «bonhomme»: Ernst, Klee, Miró, Dalí, Breton, Eluard, mais aussi Valéry, Gide et Colette.

Le Médisant par bonté, 1945

Après avoir longé les quartiers de la «ville forteresse», à l'architecture du XIIIe siècle, typique de la ville Basse, chaque visiteur doit emprunter de petits couloirs tamisés et un escalier étroit pour gagner la chambre que le poète quitta fort peu. Ici, autour du lit – seul «espace-vie» de l'écrivain –, les livres sont partout, sur les tables, sur le sol, sur le lit, sur les étagères; l'atmosphère est brumeuse, confinée comme au temps où l'opium faisait partie du «théâtre» Bousquet. On retrouve aussi, dans ce carré mythique, les cahiers de l'écrivain qui aimait à les remplir soigneusement de bribes poétiques, d'impressions oniriques. De cette époque, tout est resté intact: peu de lumière et un monde qui s'agglutine encore autour de l'œuvre et de la chambre de l'auteur du *Meneur de lune*. À défaut de

Le Meneur de lune, 1946

pouvoir arpenter la campagne audoise qu'il admirait, Joë Bousquet avait réussi à constituer son propre univers autour de lui et à se créer son paysage, celui qui forme toute sa littérature : «*Ce qui caractérisait cette chambre, c'était la décence des propos qui s'y tenaient, l'allure parfaitement morale des rencontres qui y avaient lieu, et cependant l'absence complète de retenue sociale que l'on sentait dans les consciences très libérées des hommes et des femmes qui s'y rencontraient*», nous dit le poète dans *Le Meneur de lune*.
Aujourd'hui, la Maison des Mémoires, qui englobe la demeure de Joë Bousquet, accueille le public et propose des expositions et conférences permanentes. Il est donc possible de visiter la ville de Carcassonne et ses environs avec une approche plus sensible et de rendre ainsi un hommage au poète.

MARIE-LAURE ROINARD

À NE PAS MANQUER

Paul Valéry

À visiter
Musée Paul-Valéry
Rue François Desnoyer
34200 Sète
Tél. 04 67 46 20 98

Joë Bousquet

À visiter
Maison Joë-Bousquet
Maison des Mémoires
53, rue de Verdun
11000 Carcassonne
Tél. 04 68 71 29 69
(Centre de recherches
«Joë Bousquet et son temps»)

LIMOUSIN

Giraudoux, l'élégant normalien, diplomate et dramaturge comblé, a un temps propulsé Bellac en Limousin au rang des mythes européens. Siegfried et les héros de la guerre de Troie campaient au pied du plateau de Millevaches pour discuter de l'avenir du monde. Marcel Jouhandeau, natif de Guéret (Creuse), se contenta de décrire avec force détails les mœurs de la petite ville rebaptisée Chaminadour pour l'occasion. Au grand dam de ses habitants qui se sont reconnus. Jouhandeau y est toujours à l'index.

La litanie bellachonne

Jean Giraudoux

« Ma ville natale est Bellac, Haute-Vienne. Je ne m'excuserai pas d'y être né. » Jean Giraudoux (1882-1944), l'auteur de *Bella* et de tant d'œuvres qui ont pour cadre un Limousin revisité, est certes plus parisien que bellachon puisque, dès 1897, sa famille n'y a déjà plus d'attache. Bellac, petite ville endormie au nord de Limoges, sera néanmoins le Nord de l'écrivain. Il y puisera dans ses souvenirs d'enfance et y posera les décors de ses romans ou de ses pièces de théâtre : *Siegfried et le Limousin*, *Suzanne et le Pacifique*, *L'Apollon de Bellac* ou encore *Elpénor*. Se doutait-il qu'il allait, pour une génération, faire de cette bourgade une des capitales de la France littéraire ?

BELLA, 1926
SIEGFRED ET LE LIMOUSIN, 1922
SUZANNE ET LE PACIFIQUE, 1921
L'APOLLON DE BELLAC, 1942
ELPÉNOR, 1919

Bellac reste pour cet auteur un modèle, celui de la cité antique idéale où l'on pourra peut-être y voir une référence à *La République* de Platon et plus largement à la philosophie grecque : *« Ces bourgades avaient juste le cadre et la population de la cité antique ; elles avaient juste la superficie du domaine moral où un homme peut être salué par son nom, et par ses qualités, et par ses défauts. Chacun y était connu de tous jusqu'au cœur et il n'y était guère réservé que la connaissance de soi-même. »* (*Littérature*)
Plus prosaïquement, pour le lecteur de Giraudoux, le meilleur moyen d'appréhender cette terre limousine est de reprendre l'itinéraire décrit dans *Siegfried et le Limousin*. Il y est question du retour du personnage qui, de gare en gare, se souvient de ces années passées dans la quiétude et la chaleur familiales. Ces gares – Bessines, Blond, Dorat... – sont de véritables prétextes et remèdes contre la mémoire défectueuse : *« Et l'apparition de chaque nom attendu – Tiens, voilà Droux, Pierre Buffière n'est pas loin – près de cet être qui n'avait plus ni la jeunesse de son père, ni la sienne – Tiens Folles et Bersac ont disparu, non, les voilà ! – me donnait, plus encore que l'indication d'une expérience réussie, la seule vraie estimation que j'ai trouvée – justement voilà Bellac ! – de condition humaine. »*
Ville rêvée, issue de l'univers onirique et sentimental de Giraudoux, Bellac n'en est pas moins réelle. Sa maison natale,

plantée au bord de la route de Poitiers, aujourd'hui 4, avenue Jean-Jaurès, offre la possibilité d'entrouvrir des portes sur l'œuvre de cet écrivain discret : «*Entrez, je vous prie, dans la maison où je suis né [...] et du second étage vous devrez reconnaître, bon gré mal gré, que c'est bien la plus belle ville du monde.*»

Don de son fils Jean-Pierre à Bellac en 1960, cette maison a été aménagée en centre culturel, et son cabinet de travail a été transféré ici. Sur sa façade on peut encore lire l'inscription d'un texte de son ami Charles Sylvestre : «*Les liens de naissance résistent aux hasards de la vie.*» Au rez-de-chaussée se trouve la salle des Horloges où sont exposés de nombreux objets ayant appartenu à l'auteur. Son bureau, au premier étage, est resté tel qu'il était. La bibliothèque personnelle ainsi que de nombreux ouvrages sur la vie et l'œuvre de Jean Giraudoux occupent deux pièces. Du second étage, il pouvait apercevoir le mail – l'actuel parc Charles-Sylvestre –, et la place du marché : «*Les jours de foire, je n'avais qu'à tourner sur ma chaise pour ne plus voir le marché.*» Giraudoux se souvient de la rue du Coq, dans laquelle les jeunes femmes aimaient se montrer : «*ne s'offraient à moi, au coin de la rue du Coq, sur la Promenade [...] que des vertus théologales et de petits-bourgeois à péchés véniels*». Inchangé encore, le cours du Vincou que Bellac domine, et dans lequel se jette la Bazine ; quiconque a vu ce ruisseau rira bien en lisant que «*les courses de chevaux des bords de la Bazine attirent toute la noblesse du Massif central*». À une dizaine de kilomètres au sud de Bellac s'élève la «*montagne*» de Blond, petite chaîne de collines, accidentées et boisées, peuplées de monuments mégalithiques. Celles-ci, formant le premier relief depuis la côte, limitées par les bourgs de Mortemart, Blond, Lieux et Vaulry, représentent un paysage familier des Bellachons. Giraudoux le connaît bien. Il en fait ainsi le décor du premier acte d'*Intermezzo* : «*La campagne. Une belle prairie ondulée et escarpée. Des bosquets de bouleaux. Vers le soir, on voit les montagnes de Blond.*»

La maison natale de Jean Giraudoux à Bellac.

INTERMEZZO, 1933

Peu importe, finalement, que le Bellac de Giraudoux soit transposé de manière si *«décalée»* ; c'est en parcourant le Limousin qu'il est possible de retrouver ces paysages véritables, semblant sortir tout droit d'une légende ; et ainsi de se rendre compte combien sa ville natale compta à ses yeux, jusqu'à en devenir une litanie. *«Ce séjour bienheureux, immuable, dans le Bellac où nous étions nés»* révèle ainsi la volonté de faire de sa ville un concept universalisant : *«Les petites villes ne sont point des miroirs déformants. Les vertus, les mouvements de l'univers ne se reflètaient dans Bellac qu'ordonnés et si visibles qu'ils étaient inoffensifs.»*

SANDRINE AZOULAY

De Guéret à Chaminadour

Marcel Jouhandeau

Guéret a encore honte de son fils indigne, Marcel Jouhandeau. Même après sa mort, la petite ville de la Creuse éprouve une rancune non dissimulée à l'égard du romancier acide qui caricature Guéret ou, comme il la nomme dans ses écrits (*La Jeunesse de Théophile*, *Les Pincengrain*, *Tite-le-Long*), Chaminadour-la-bienheureuse. Sa ville natale ne fait donc guère d'effort pour célébrer la mémoire du romancier – antisémite à ses heures. Toute-

LA JEUNESSE DE THÉOPHILE, 1921
LES PINCEGRAIN, 1924
TITE-LE-LONG, 1932

fois, un itinéraire reste possible grâce à Jouhandeau lui-même qui, dans une lettre adressée à Mme Lardy, une de ses rares amies guérétoises, lui conseilla, afin de découvrir la ville, de faire le parcours suivant :

«1) Rue des Pommes (aujoud'hui rue de l'Ancienne-Mairie). La boucherie paternelle où je suis né. En face la maison de Mme Pô.

«2) Rue Adrien-Ducouret (actuelle rue Joseph-Ducouret). Au n° 10, maison de ma sœur Mme Jeannot, où mes parents sont morts. Demander à voir la chambre où j'ai été heureux de 1918 à 1936, date de la mort de ma mère. Voir aussi le jardin et la cour de Tite-le-Long. Même rue, en face de la maison de ma sœur, sur la place, l'ancienne Prison et l'ancien Hôtel de Ville. Dans la rue, emplacement de la boulangerie de ma grand'mère.

«3) Place du marché. Franchir un porche pour voir les restes assez imposants du vieil Hôtel de Ville. Le nouveau sur la place Bonnyaud convient par sa prétention au ridicule de notre époque.

«4) Place Bonnyaud. Hôtel Saint-François et peut-être s'il existe encore le Bar Chaminadour [le bar et l'hôtel n'existent plus].

«5) L'église. Derrière l'église : maison de l'archiprêtre de Cessac. Rue du Conventionnel-Huguet (évêque de Guéret en 1890). C'est dans sa demeure que mourut Mme Alban.

«6) Boulevard Carnot, maison des contributions indirectes. C'est là où se sont déroulés les rapports de Théophile et de Mme Alban.

«7) Le quartier de la Croix de la Mission.

«8) Le cimetière, où se trouve le tombeau de mes parents. Ne pas manquer de jeter un regard sur le cimetière des Pénitents noirs, plus aristocratique.

«9) La Providence, couvent distingué dans ma jeunesse, aujourd'hui musée.

«10) L'hospice, vieille route de Sainte-Feyre. C'est là que le petit Jean, fils de l'oncle Henri, a été abandonné à l'Assistance par sa mère à l'âge de sept ans et c'est là aussi où sa mère dans la chambre des folles expia et mourut.

«11) La gare qui a été pour moi le terme de tant de départs douloureux et d'arrivées bienheureuses.»

SANDRINE AZOULAY

À NE PAS MANQUER

Jean Giraudoux

À visiter

Musée Jean-Giraudoux
4, avenue Jean-Jaurès
87300 Bellac
Tél. 05 55 68 03 77

Marcel Jouhandeau

Se promener

«Visite de Guéret sur les pas de Théophile»
Organisée sur demande par le syndicat d'initiative de Guéret, tél. 05 55 52 14 29.

LORRAINE

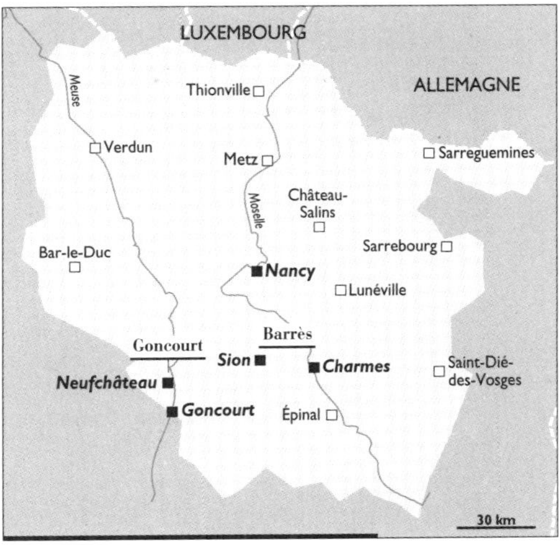

En passant par la Lorraine, on ne tombe pas forcément sur Maurice Barrès, haranguant la foule du haut de la colline de Sion, lieu inspiré s'il en fut pour le député de Paris. On peut y croiser aussi les frères Goncourt en train de «bimbeloter» chez un antiquaire, une passion beaucoup plus paisible. Le château où ils passèrent une partie de leur enfance est là, tout proche, à deux pas de Nancy.

Les sabots des frères Goncourt

Edmond et Jules de Goncourt

JOURNAL, 1887-1896

Avec le domicile fixe de leur Académie, les frères Goncourt sont si bien ancrés place Gaillon qu'on ne se soucie guère de savoir quel est leur lieu d'origine. L'abondante chronique des «boulevards» qui nourrit les pages du *Journal* les désigne comme parisiens, flatteuse assimilation que les deux frères revendiquaient quand un journaliste les traitait de provinciaux.

Certes, Jules est né à Paris (en 1830), mais Edmond vit le jour à Nancy (en 1822). Surtout, la famille a ses racines à Neufchâteau, dans les Vosges, et dans le canton voisin de Bourmont, qui fut lorrain jusqu'à ce que le grand-père, Huot de Goncourt, le fasse intégrer à la Haute-Marne, lors de la création des départements par la Constituante dont il était député.

Jules de Goncourt, imprégné des souvenirs du lycée Henri-IV et peu attiré par les plaisirs bucoliques de la chasse à la tendue ou de la pêche aux écrevisses, fit peu de cas de ces origines terriennes. Edmond, qui lui survécut vingt-six ans, aligna sa pensée sur celle du disparu : le salon de la princesse Mathilde, les dîners chez Magny, le saumon chez Flaubert, la bouillabaisse de Zola convenaient mieux à la mémoire commune que le paisseau crotté du grand-père Huot ou la jument Cocotte de l'oncle Pierre.

Prenant de l'âge, Edmond, l'aîné, que les jeunes littérateurs, comme Proust, appelaient volontiers *«le vieux»*, reprit goût à ces racines grâce auxquelles il cultivait, mieux que d'autres ne l'eussent fait, les oignons de perce-neige que lui fournissait Émile Gallé, cet autre Nancéien. Avec une tendre nostalgie, il revient dans ses notes journalières sur son père et les séjours à Breuvannes ou à Neufchâteau dans la grande demeure familiale.

Ici, la maison n'a pas changé extérieurement. La façade garde avec ses rocailles fleuries et sa gueule de lion mordant une branche de chêne le clin d'œil baroque que lui donna, en 1700, son premier propriétaire, le magistrat de la ville, beau-père de Mme de Graffigny, la romancière des *Lettres d'une Péruvienne*, indiscrète invitée d'Émilie du Châtelet et de Voltaire au château de Cirey. À l'arrière, dans le jardin, la «serre», salle de musique et de théâtre, a retrouvé, grâce à

Edmond et Jules de Goncourt, par Nadar.

une intelligente rénovation, son décor épicurien qui mêle le cep de Bacchus à la grâce des déesses.
À Nancy, la maison natale n'a plus de pignon sur rue depuis qu'on a construit sur l'emplacement de sa profonde cour. Elle a toujours son bel escalier et les vitraux de ses fenêtres, que rappela au vieil Edmond une carte postale de voyage de Mlle Zeller qui voulait tant l'épouser. Le *Jounal* ne dit pas s'il passa rue des Carmes quand il vint constater que la ville avait respecté sa volonté d'appeler «rue des Goncourt» la voie nouvelle qu'on envisageait de consacrer à lui seul, à la demande de son ami nancéien Roger Marx, historien de l'art, qui fut son exécuteur testamentaire. Un siècle plus tard, Hervé Bazin et François Nourissier developpèrent ces liens naturels mais ténus, en déposant aux archives municipales les archives de l'Académie Goncourt, juste reconnaissance du bon droit de la fiche d'état civil. Edmond, dans les vingt dernières années de sa vie, retrempa son âme lorraine chaque été dans le bon air

des allées du château de ses cousins à Jean-d'Heurs, près de Bar-le-Duc. Dans cette ancienne propriété du maréchal Oudinot, qu'il rebaptisa Muguet-les-Nonnains, il plaça le cadre de *Chérie*, son roman d'une jeune bourgeoise du Second Empire. Dans ce livre comme dans le *Journal*, il décrivit le charme et le calme du grand parc, la sagesse froide des villageois de la vallée de la Saulx. Il retrouvait là, dans l'isolement d'une campagne profonde, sa nature posée d'homme de l'Est.

CHÉRIE, 1884

Sans avoir replacé la vieille plaque qui indique la maison natale, Nancy célèbre, à chaque occasion, le souvenir d'Edmond qui a donné son nom, seul cette fois, à un collège de la périphérie. À Neufchâteau, la maison peut être visitée sur demande.

Le village de Goncourt (Haute-Marne) œuvre pour une maison qui serait musée et bibliothèque. Jean-d'Heurs, enfin, décerne chaque année un prix littéraire. Que demander de plus ?

MICHEL CAFFIER

Du haut de la colline inspirée

Maurice Barrès

Maurice Barrès (1862-1923) a tellement annexé la Lorraine qu'il lui colle à la peau. On imagine assez la région ressemblant à l'homme, sévère dans sa mission frontalière, remuant ciel et terre pour trouver des racines, des exemples qui justifieraient des refus, des exclusives et des exclusions. Il appartient au patrimoine comme le Lunéville ou le Longwy, faïences fragiles de nature. On regarde mais on ne touche pas. Pendant l'été 1996, près de la basilique de Sion, les fidèles barrésiens ont proposé aux visiteurs, fort nombreux, une exposition qui évoqua l'écrivain sans la moindre allusion à son œuvre militante de journaliste et d'homme politique. Fera-t-on croire un jour que le poète de *La Colline inspirée* envoyait des pots de confiture de mirabelles au capitaine Dreyfus emprisonné ? Ou qu'on s'endormait dans les tranchées de la butte de Vauquois

LA COLLINE INSPIRÉE, 1913

Monument à Maurice Barrès,
colline de Sion-Vaudémont, 1934.

en écoutant la lecture à voix haute d'une page revancharde : «*Une nation existe, persévère dans l'être aussitôt que chacun de ses membres préfère la mort à une vie dénaturée, dénationalisée*» ?

La Lorraine, riche en historiens (Braudel, Gaxotte, Bluche, Chaunu) mais pauvre en romanciers de grand renom, porte le poids de la grande œuvre littéraire de Maurice Barrès qui la traverse au fil de la Moselle dans *L'Appel au soldat*, raconte Metz dans *Colette Baudoche*, Charmes et Nancy dans *Mes Cahiers* ou *Les Déracinés*, Sion, bien sûr, un de ces lieux où souffle l'esprit : «*La Lorraine possède un de ces lieux inspirés. C'est la colline de Sion-Vaudémont, faible éminence sur une terre la plus usée de France, sorte d'autel dressé au milieu du plateau qui va des falaises champenoises jusqu'à la chaîne des Vosges. Elle porte sur l'une de ses pointes le clocher d'un pèlerinage à Marie, et sur l'autre la dernière tour du château d'où s'est envolé jusqu'à Vienne l'alérion des Lorraine-Habsbourg. Dans tous nos cantons dès que le terrain s'élève le regard découvre avec saisissement la belle forme immobile soit toute nette, soit toute voilée de pluie, de cette colline posée sur un vaste plateau comme une table de nos lois non écrites, comme un rappel à la fidélité lorraine.*»

Sa profession de foi lorraine, renouvelée dans chaque livre et entretenue dans les trémolos journalistiques de la reconquête de la terre annexée, rend Barrès solide comme la pierre, un peu vermoulue, du Signal de Sion flanqué des citations des *Amitiés françaises* et de *La Colline inspirée*.

L'Appel au soldat, 1900
Colette Baudoche, 1909
Mes Cahiers, 1930-1956
Les Déracinés, 1897
Les Amitiés françaises, 1903

Député de Paris, après l'avoir été de Nancy (il avait, en 1889, guigné du côté de Lannion), Maurice Barrès a vu son éthique d'une Lorraine de choix contestée par des enracinés de plus longue date. Son successeur à l'Académie française, Louis Bertrand, né à Spincourt dans la Meuse, exprima sa différence charnelle de fils de paysan taillé dans les hivers rigoureux de la Woëvre. Curieusement, comme le Barrès d'*Un jardin sur l'Oronte*, Louis Bertrand n'a rien écrit de mieux que sous le charme du lointain soleil méditerranéen. Près d'un siècle plus tard, la remarque pessimiste et ambitieuse annonçant *La Colline inspirée* reste sans doute vraie pour la Lorraine des uns et des autres : «*Notre terre attend qu'on lui donne une voix.*»

MICHEL CAFFIER

À NE PAS MANQUER

Edmond et Jules de Goncourt

À voir
Maison des frères Goncourt
33, rue des Carmes
54000 Nancy

À visiter
Maison dite des Goncourt
2, place Jeanne d'Arc
88300 Neufchâteau
Tél. 03 29 94 10 95 (office de tourisme)
Visite sur demande

Maurice Barrès

À voir
Maison Maurice-Barrès
22, rue Claude-Barrès
88130 Charmes

À savoir
Association Maurice-Barrès
16, rue des Capucins
88130 Charmes
Tél. 03 29 38 07 01

MIDI-PYRÉNÉES

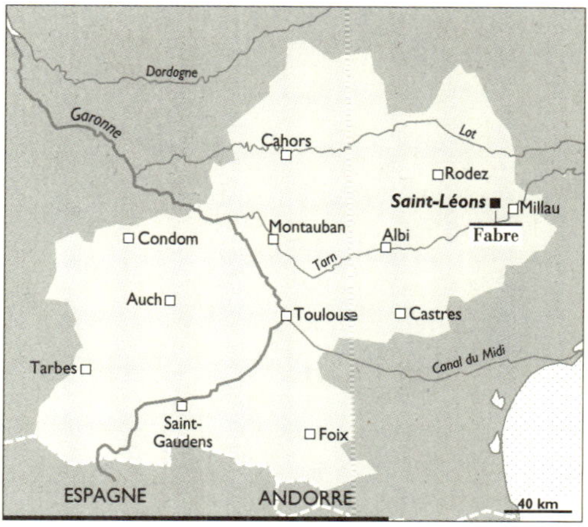

L'entomologiste et écrivain Jean-Henri Fabre avait tout pour séduire la République des professeurs. Aussi fut-il promptement hissé au rang de saint laïque. Né à Saint-Léons, à la lisière du causse aveyronnais, pas très loin de Rodez, il était issu d'une famille modeste. Il fit des études à la force du poignet, avait la rage d'enseigner, devint un savant quasi officiel, tout en refusant de quitter son village. L'Homère des fourmis avait pourtant reçu la Légion d'honneur des mains de Napoléon III.

L'Homère des insectes, entre Rhône et Aveyron

Jean-Henri Fabre

Il est né en 1823 sur le plateau de Lévezou, non loin de la source de l'Aveyron ; il est mort, quatre-vingt-douze ans plus tard, dans la plaine du Rhône, aux portes d'Orange. L'entomologiste aura troqué le Rouergue pour la Provence mais sera resté fidèle à la langue d'oc : «l'Homère des insectes» composera même des poèmes en provençal.

La maison natale de Jean-Henri Fabre, à Saint-Léons (Aveyron) est devenue un musée. Celle où il passa ses derniers moments, à la sortie du village de Sérignan (Vaucluse), également. Toutes les deux sont à l'image de l'homme : rustiques et modestes. La première est bâtie à flanc de coteau, en granit. Ses deux pièces sont garnies des objets que possédait alors tout paysan. Le père de Jean-Henri, fils d'agriculteur, était connu comme *«homme d'affaires ou de chicane»*. Des affaires qui ne furent jamais très florissantes. Il exerça surtout, sans grand succès, la profession de tenancier de café, tentant sa chance à Rodez, Aurillac, Toulouse et Montpellier. Jean-Henri, statufié en bronze dans le petit jardin de Saint-Léons, a définitivement quitté son village à l'âge de dix ans. Pourtant, il y sera attaché toute sa vie : *«Je sais à fond mon village depuis si longtemps abandonné ; j'ignore presque les villes où m'ont conduit les hasards de la vie. Un lien d'exquise douceur nous rattache au sol natal : nous sommes la plante qui ne quitte pas sans déchirures le point où ses premières racines ont poussé.»* (*Souvenirs entomologiques*)

Si, par la suite, ses adresses sont nombreuses, son univers reste méditerranéen : garrigues, montagnes sèches, étés secs, lumière et vents violents, crissement des cigales. Il ne «montera» à Paris que pour recevoir, en 1867, la Légion d'honneur des mains de Victor Duruy, ministre de l'Instruction publique de Napoléon III.

***Souvenirs entomologiques*, 1879-1907**

Mais avant d'avoir acquis la notoriété qui lui vaut cette médaille, il entame des études cahotiques au gré des villégiatures de son père. Il travaille souvent seul, ce qui ne l'empêche pas de se gaver de poètes latins. À dix-huit ans, il entre à l'école normale d'Avignon. Un an plus tard, muni de son brevet supérieur, il est instituteur à Carpentras. C'est là qu'il découvre l'histoire naturelle dont il va explorer minutieusement tous les chemins.

Il passe successivement son bac, puis une licence de mathématiques suivie d'une licence de physique. En 1853, il enseigne la physique au lycée d'Avignon et habite au 22, rue de la Masse, avec sa femme et ses premiers enfants. Il fait découvrir la nature à ses élèves au cours de longues promenades sur le plateau des Angles, en face de la ville des Papes. Quelque temps plus tard, il enménage au 14, rue des Teinturiers, près de l'église des Pénitents-Gris. Il donne des cours du soir à l'église Saint-Martial (autrefois musée d'Histoire naturelle, aujourd'hui temple réformé, rue J.-H. Fabre). Les lettrés de la ville se bousculent pour l'entendre : dans son public, on trouve l'éditeur du Félibrige, Joseph Roumanille, Frédéric Mistral et même Stéphane Mallarmé, alors professeur d'anglais à Avignon.

Après la chute de l'Empire, il rédige des livres de vulgarisation pour les enfants : *La Science de l'oncle Paul, Leçon de chose pour les classes préparatoires, Les Ravageurs* (sur les insectes nuisibles), *Histoire naturelle*. En 1879, Fabre s'installe sur les pentes du mont Ventoux, puis achète – 7 200 francs – l'Harmas de Sérignan, à la sortie du village de Sérignan, à huit kilomètres au nord d'Orange. C'est, écrit-il, *«un coin de terre, ô ! pas grand, mais enclos et soustrait aux inconvénients de la voie publique ; un coin de terre abandonné, stérile, brûlé par le soleil, favorable aux chardons et aux hyménoptères»*. La maison à un étage, crépie de rose clair, coiffée de tuiles romaines, dotée d'œils-de-bœuf qui éclairent les combles, est assez vaste pour loger sa femme et ses sept enfants. Elle est d'ailleurs surnommée «le château» dans la région.

Aujourd'hui ouverte à la visite, elle présente intact, le décor de ce savant bricoleur : cabinet en désordre, microscope, jeux de loupes, flacons, cloches métalliques, table volante. Au centre de la demeure, une vaste pièce, avec ses meubles cirés, où l'entomologiste reçoit ses visiteurs. Edmond Rostand, subjugué par la verve de Fabre, troussera un quatrain :

«Il sait conter. Il conte à 70 ans,
comme devait conter l'aïeule rouergate
que regardait filer le chat aux yeux d'agate
Car ce savant est fils de divins paysans.»

Fabre, écologiste avant la lettre, a laissé une partie de son jardin en friche – c'est aujourd'hui un parc botanique. Dans ce lieu d'observation idéal, il examine, à plat ventre, le va-et-vient des fourmis, des bousiers ou des chenilles processionnaires. Dans un coin du jardin, on remarque encore les récipients où les enfants du pays venaient déposer les cadavres des petits animaux – payés un sou pièce – destinés à l'étude des insectes «assanisseurs». Ses rapports avec les habitants de Sérignan ne sont pas toujours au beau fixe. Lorsque, après la mort de sa femme, il convole avec sa servante – elle a vingt-trois ans, il en a soixante-quatre –, les Sérignanais scandalisés déclenchent un «charivari» qui durera huit jours. Il faudra le jubilé du savant, organisé le 3 avril 1910, pour qu'il soit pleinement reconnu par ses voisins. Jean-Henri Fabre, grand vulgarisateur scientifique, est le héros type de la République nouvelle. En 1913, le président de la République, Raymond Poncaré, viendra le saluer en personne.

EMMANUEL DE ROUX

À NE PAS MANQUER

Jean-Henri Fabre

À visiter

Maison de Jean-Henri Fabre
Le Bourg, 12780 Saint-Léons
Tél. 05 65 58 80 54
Harmas de Jean-Henri Fabre
84830 Sérignan-du-Comtat
Tél. 04 90 70 00 44

Se Promener

«Le sentier botanique»
Promenade balisée sur les pas du naturaliste avec brochure illustrée réalisée par la maison de Jean-Henri Fabre.

NORD-PAS-DE-CALAIS

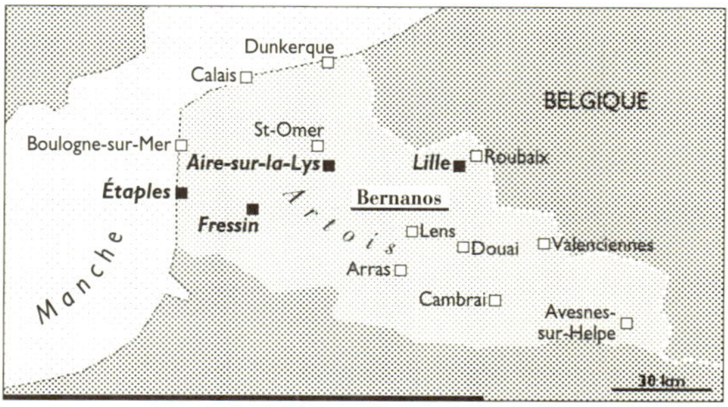

Ce n'est pas la région la plus touristique de France. Jacques Brel aurait pu chanter, là aussi, ce plat pays. Bernanos en fit le cadre de ses romans où le ciel bas de l'Artois semble trop lourd pour les épaules des frêles curés de campagne, où le diable apparaît, déguisé en charretier, pour tenter les pauvres prêtres au coin d'un chemin bourbeux, où le Mal s'incarne soudain dans la figure d'un quelconque M. Ouine, tandis que la petite Mouchette, désespérée, se laisse couler au fond d'une mare.

Sous le ciel bas de l'Artois

Georges Bernanos

Quand il rédige, en janvier 1937, sa préface pour *Les Grands Cimetières sous la lune*, Georges Bernanos a laissé dans la Grande Guerre ses dernières illusions royalistes et cléricales. «*Amère ironie*, écrit-il, *de prétendre persuader et convaincre, alors que ma certitude profonde est que la part du monde encore susceptible de rachat n'appartient qu'aux enfants, aux héros, et aux martyres.*» En quelques lignes poignantes, il résume le but qui dans l'écriture fut toujours le sien, parler le langage oublié de l'enfance : «*Ce langage que je cherche de livre en livre, imbécile comme si un tel langage pouvait s'écrire, s'était jamais écrit. N'importe, il m'arrive parfois d'en retrouver quelque accent.*»

Cette enfance, elle attend l'écrivain au détour de ces «*Chemins du pays d'Artois, à l'extrême automne, fauves et odorants comme des bêtes, sentiers pourrissant sous la pluie de novembre, grandes chevauchées de nuages, rumeurs du ciel, eaux mortes... J'arrivais, je poussais la grille, j'approchais du feu mes bottes rougies par l'averse.*» (*Les Grands Cimetières sous la lune*)

Ces chemins-là s'enfoncent dans une France qui n'existe plus, le Nord agraire des champs sombres et de chemins boueux, terre de paysans rugueux et superstitieux, de paroisses désolées où officient des prêtres rongés par le doute et l'ennui. Dans ce pays de cocagne, les destinées fugaces et exemplaires des héros de Bernanos dessinent des trajectoires lumineuses. Ainsi, les figures de Mouchette et de Donissan (*Sous le soleil de Satan*) ; ainsi, l'émouvante pureté du curé d'Ambricourt dans *Le Journal d'un curé de campagne*.

Les Grands Cimetières sous la lune, 1938
Sous le soleil de Satan, 1926
Le Journal d'un curé de campagne, 1936

Bernanos est né et a vécu à Paris jusqu'à ce que la santé de sa mère, nécessitant le grand air, oblige son père à acheter Fressin, une maison cossue que les villageois appelaient «le château noir». Le «Petit Jô», qui n'a pas dix ans, vient y passer ses vacances. Il s'attache instantanément à cette terre, qui, entre Lille et Fressin, sera le sol électif de son œuvre – *«un pays de grands bois et de pâturages où j'ai plus ou moins fait vivre depuis tous les personnages de mes romans»*. Après la vente de la demeure, la «maison du père» continuera à exercer une influence importante dans son œuvre et dans sa mémoire : *«J'habitais au temps de ma jeunesse, une vieille chère maison, un minuscule hameau du pays d'Artois, plein d'un murmure de feuillage et d'eau vive. La vieille maison ne m'appartient plus ; qu'importe ! Pourvu que ses propriétaires la traitent bien ! Pourvu qu'ils ne lui fassent pas de mal, qu'elle soit leur amie, non leur chose !»* (*Les Grands Cimetières sous la lune*) Le vœu de Bernanos ne sera pas exaucé : du château noir, aujourd'hui, on ne visitera que les ruines : la grille d'entrée, sur la rue, l'arc de la porte cochère, le fournil et le pigeonnier.
Qu'importe ! Pour ce vagabond qui écrivait ses romans dans les trains et dans les cafés, aucune architecture, fussent-elles des églises, n'est à la mesure de sa quête. C'est sur les chemins de campagne que se croisent les personnages de Bernanos ; le paysage seul est témoin de leurs passions : *«L'aube livide s'élevait à mesure autour d'eux et ils n'en voyaient que le reflet*

Photo du film de Robert Bresson *Le Journal d'un curé de campagne*, Claude Laydu, 1950.

pathétique sur leur visage. À leur droite, le hameau, à peine émergé de la brume, au creux des collines, faisait un paysage de désolation. Dans l'immense plaine infinie, seul, vivait un mince filet de fumée, au-dessus d'un toit invisible.» (*Sous le soleil de Satan*) Mais par les nuits sans lune, il ne fait pas bon, passé le village de Verlimont, s'éloigner des routes de Campreneux ou de Verton.

Comme l'abbé Donissan, à la recherche d'un raccourci, on s'y perd facilement: «*Depuis un moment [...] il n'était plus seul. Quelqu'un marchait à ses côtés.*» Cette nuit-là, c'est Satan que croisa le vicaire de campagne, tandis qu'il cherchait à rejoindre Étaple à travers la plaine.

Quitter Fressin, pour regagner à Paris la pension des jésuites de Vaugirard où les professeurs et les élèves avaient pris en grippe ce révolté épidermique – tel est le cauchemar du jeune Bernanos. Alors il «*trottait sous la pluie de septembre, à travers les paysages ruisselant d'eau, le cœur plein de la rentrée prochaine, des préaux funèbres où l'accueillerait bientôt le noir hiver, les classes puantes, des réfectoires à la grasse haleine*» (*Les Grands Cimetières sous la lune*). Pour lui qui savait se rendre systématiquement odieux, l'école sera sa première saison en enfer. Un peu plus tard, l'armée le remettra dans des dispositions à peu près semblables... Après deux ans de cet enseignement qui le rend presque cancre, il faudra finalement le rapatrier vers ce cher Artois, à l'extérieur duquel il ne paraît plus vivre. Il entrera donc au petit collège Sainte-Marie, à Aire-sur-la-Lys. Ici, des professeurs plus humains parviendront à l'apprivoiser... Sa correspondance atteste cependant que le petit Parisien n'a guère d'estime pour ses camarades, «*ces gros bœufs du Nord, qui suivent éternellement le songe intérieur qu'ils n'achèvent jamais*». Après la Grande Guerre, l'auteur Bernanos révisera ce jugement. Par-delà les différences sociales, toute l'œuvre de l'auteur de *Monsieur Ouine* converge, remontant à rebours ces sentiers du Nord, vers son enfance perdue.

MONSIEUR OUINE, 1946

CYRIL JARTON

À NE PAS MANQUER

Georges Bernanos

À voir

Pigeonnier de Georges Bernanos
35, rue Bernanos, 62140 Fressin
Sur la façade: «*J'habitais au temps de ma jeunesse une vieille chère maison dans les arbres.*»

PARIS

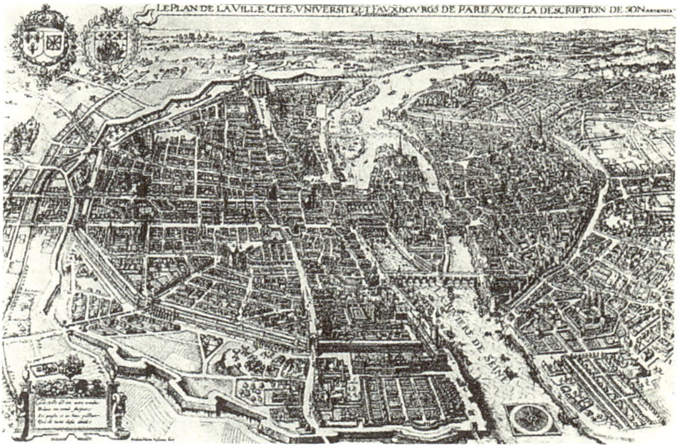

C'est la ville-phare pour tous les écrivains de France et de Navarre, mais aussi pour ceux qui sont venus des quatre coins d'Europe, voire de plus loin encore. Dès le XVIIIe siècle, un des meilleurs connaisseurs du Paris nocturne fut le Bourguignon Restif de la Bretonne. Au siècle suivant, Balzac fit de cette capitale l'épicentre de sa *Comédie humaine*. Au XXe siècle, les écrivains ont successivement fréquenté trois quartiers : Montmartre, Montparnasse et Saint-Germain-des-Prés. La fête est-elle finie ?

Le Paris révolutionnaire

Louis-Sébastien Mercier et Nicolas Restif de la Bretonne

Le Paris du XVIIIe siècle, celui des dernières années de la monarchie d'Ancien Régime et de la décennie révolutionnaire, ne survit que par bribes : Haussmann le niveleur est passé par là, un demi-siècle plus tard. Si quelques témoins sont encore debout – des monuments solitaires et, plus rares, des lambeaux de quartiers –, il faut, pour se donner une idée de ce que pouvait être la capitale des Lumières, prendre pour guide les ouvrages de Louis-Sébastien Mercier (1740-1814) et de Nicolas Restif de la Bretonne (1734-1806). *Le Tableau de Paris* du premier et *Les Nuits de Paris* du second viennent d'être réédités.

«... *Les deux amis s'étaient partagé le cadran : l'un avait pris le jour, et c'était Mercier ; l'autre avait pris la nuit, et c'était Restif de La Bretonne.*» Tandis que Louis-Sébastien Mercier s'ouvrait à la vie urbaine diurne du tumulte, du tourbillon, Restif de la Bretonne prévoit d'errer dès la chute du jour dans la capitale, veillant «*lorsque tous les yeux sont fermés*», parmi «*les repaires du vice et du crime*» : «*Moi, je vais crayonner les iniquités nocturnes.*» Il hanta ainsi l'île Saint-Louis en spectateur nocturne. Assis sur la pierre, il entreprit d'y graver des inscriptions qui lui servaient d'aide-mémoire. Des dates et des noms, des phrases lapidaires sur les avancements de ses travaux littéraires. La plupart de ces inscriptions ont aujourd'hui disparu.

Louis-Sébastien Mercier, *Le Tableau de Paris*, 1781
Nicolas Restif de la Bretonne, *Les Nuits de Paris ou le Spectateur nocturne*, 1788-1793

Mercier, Parisien de souche, et Restif de la Bretonne, venu jeune de sa Bourgogne natale, sont parmi les premiers à évoquer Paris en dehors des sentiers battus. Pour rédiger leurs pages, ils ont battu le pavé parisien en tous sens, l'œil toujours vif car «*on ne peut rien faire lentement à Paris, parce que d'autres attendent*». (Mercier) Restif circule la nuit en véritable espion, surprenant les couples, prévenant les adultères, désamorçant les coups bas, pourchassant les méchants, écoutant aux portes. Il dissèque le vice pour le compte d'une marquise inconnue – pour ses lecteurs aussi –,

toujours à l'affût de l'événement dans les venelles d'un Paris secret où l'imagination du narrateur a sa part.
Mercier et Restif ne sont pas des esprits géométriques : le hasard guide leurs pas. Au gré de leur marche, les deux écrivains suivaient le rythme des quartiers en construction : *«des logis immenses sortent de la terre, comme par enchantement, et des quartiers nouveaux...»* se bâtissent, rive droite du côté de la Chaussée-d'Antin et du faubourg Saint-Honoré, rive gauche, faubourg Saint-Germain en direction de l'hôtel des Invalides. Mais ils s'intéressent davantage aux rites sociaux, aux petits trafics, aux personnages singuliers qu'aux monuments. Leur Paris est une ville toute de contraste où les extrêmes se côtoient brutalement.
Pour les deux hommes, frottés de Rousseau, partisans des idées en vogue – la philosophie des Lumières –, c'est une cité apocalyptique, à la population monstrueuse que la monarchie a du mal à contenir, même avec le nouveau mur des fermiers généraux qui ceinture Paris sur vingt-trois kilomètres et qui sert à filtrer les entrées et les sorties de ses habitants, à travers les pavillons majestueux de Ledoux.
Mercier et Restif s'accordent sur la saleté de Paris. Les parcours du piéton sont ici semés d'embûches : «*Quelles gambades ne fait celui qui a entrepris d'aller du faubourg Saint-Jacques dîner au faubourg Saint-Honoré, en se défendant de la crotte, et des toits qui dégouttent ! Des tas de boue, un pavé glissant, des essieux gras, que d'écueils à éviter !*» (Mercier) Parmi les immondices des rues, chacun s'effraie de trouver en chemin des débris humains, amputés, disséqués que les chirurgiens

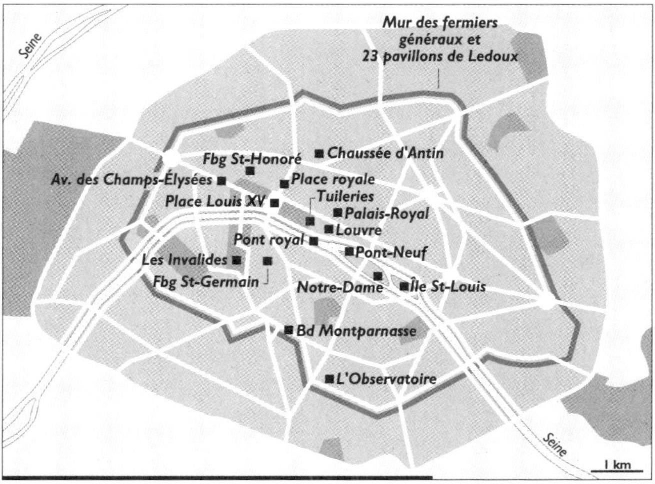

Paris insalubre, de A. Cormillon.

abandonnent là. La rue est rouge sang, les bêtes sont tuées en pleine rue. L'air est vicié par toutes sortes d'exhalaisons grossières, cadavériques. Pourtant, par mesure d'hygiène, on commence à vider les vieux cimetières situés au centre de la capitale et, d'abord, le plus célèbre d'entre eux, celui des Saints-Innocents situé dans l'actuel Forum des Halles, où s'entassent des corps depuis plusieurs centaines d'années. Les ossements sont installés dans les anciennes carrières de la rive gauche. On les visite aujourd'hui à partir de la place Denfert-Rochereau en empruntant un des derniers pavillons de Ledoux (avec la rotonde de la Villette, celle du parc Monceau et les pavillons de la place de la Nation).

Pour juger de Paris «*physiquement*», Mercier recommande les tours de Notre-Dame où la ville «*est ronde comme une citrouille*». Depuis le pont Royal, face au palais des Tuileries (il n'en reste que les pavillons de Flore et de Marsan, entièrement remaniés) prolongé par son jardin à l'ouest et la galerie du Louvre à l'est, on jouit «*du plus beau coup d'œil de la ville*». Le Pont-Neuf est «*le centre du mouvement et de la circulation*», le cœur du corps humain. On s'y arrête pour regarder la pompe à eau de la Samaritaine et la statue d'Henri IV (refondue après la Révolution qui en détruisit la première version). Le Palais-Royal est le temple du libertinage mais aussi le rendez-vous du Paris à la mode. Là, Restif surprend les idylles interdites. Mercier y contemple ce «*point unique sur le globe. Visitez Londres, Amsterdam, Madrid, Vienne, vous ne verrez rien de pareil. C'est la capitale de la capitale*».

En revanche, l'avenue des Champs-Élysées, promise à un bel avenir, est, selon Mercier, banale et «*sèche*». Il lui manque un ruisseau : «*Les Champs-Elysées sont trop alignés, pas assez diversifiés, et trop corrects pour une promenade.*» Les deux plus belles rues de Paris sont celle qui relie la place Louis-XV (place de la Concorde) à la place Royale (place de la Madeleine) et l'actuel boulevard du Montparnasse. Aux yeux de Mercier, ces artères «*immenses, larges, longues*», situées à la périphérie de la ville, ont l'avantage de conjuguer «*harmonieusement les somptueux édifices* (les hôtels de Gabriel place de la Concorde, les Invalides et l'Observatoire) *avec une nature verdoyante*». Pour Mercier, Paris manque singulièrement de places publiques où le peuple pourrait trouver le repos : «*Il y a du gazon devant l'Hôtel des Invalides, devant la colonnade du Louvre, au milieu du Louvre ; [...] Ce vert gazon est là uniquement pour réjouir la vue de M. le gouverneur. De fortes barrières et des sentinelles gardent ces gazons. L'esprit public n'est pas connu en France.*»

ANNE ROUTIN

Les faubourgs de la Comédie Humaine

Honoré de Balzac

«*J'aurais peint le grand monstre moderne* [Paris] *sous toutes ses formes*», écrivait Balzac (1799-1850) à Mme Hanska. La ville qu'il a parcourue sans relâche est indéniablement un des personnages principaux de *La Comédie humaine*, le pôle où convergent tous ses héros, où se dénoue leur destin. La topographie parisienne explorée par l'écrivain est encore largement visible aujourd'hui, même si les travaux haussmanniens, entrepris au lendemain de sa mort, ont profondément bouleversé la physionomie de la capitale.

En 1850, quand agonise Honoré de Balzac, dans son hôtel de la rue Fortunée (aujourd'hui rue Balzac dans le VIIIe arrondissement), Paris est divisé en douze arrondissements qui n'ont rien à voir avec les nôtres. Et ses limites administratives sont encore celles de la fin de l'Ancien Régime : le tracé de l'enceinte des fermiers généraux. Au-delà se situent des faubourgs,

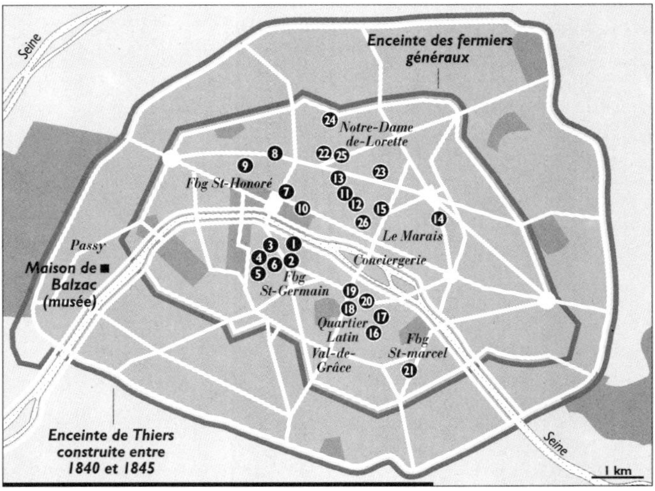

1. Baron Hulot
2. Mme Firmiani
3. et 4. Les Beauséant père et fils
5. Raphaël de Valentin
6. Le duc de Grandlieu
7. Mme Rabourdin
8. Les Laginski
9. La princesse de Cadignan
10. César Birotteau
11. Me Derville
12. Raoul Nathan
13. Fritot
14. Le cousin Pons
15. La Maison du Chat-qui-Pelote
16. La pension Vauquer
17. Mme d'Espard
18. Gobseck
19. Lucien de Rubempré
20. Raphaël de Valentin
21. Le colonel Chabert
22. Esther Gobseck
23. et 24. Florine
25. Carabine
26. Au Rocher de Cancale

inégalement lotis, comme Passy où l'auteur demeura quelques années, 10, rue Basse – aujourd'hui 47, rue Raynouard –, le seul des onze domiciles parisiens de l'écrivain à être encore visible. C'est en partie grâce à ces déménagements successifs que Balzac a pu acquérir une connaissance précise de l'ensemble des quartiers de Paris.

Les paysages urbains où évoluent les acteurs de *La Comédie humaine* sont typés selon les classes sociales qui les peuplent et les activités qui s'y déroulent : «*À Paris, il en est des appartements et des maisons comme des rues, elles ont des prédestinations*», indiquait l'écrivain.

Il y a d'abord les beaux quartiers. On les trouve sur les deux rives de la Seine. Rive gauche, le faubourg Saint-Germain (notre VIIe arrondissement) abrite l'aristocratie qui tient le haut du pavé jusqu'à la révolution de juillet 1830. «*En 1819, pour s'ouvrir une porte dans le faubourg Saint-Germain, la femme d'un banquier était capable de tous les sacrifices.*» (*Le Père Goriot*)

LE PÈRE GORIOT, 1834
LA COUSINE BETTE, 1847

Le baron Hulot (*La Cousine Bette*) habite rue de l'Université,

Mme Firmiani, rue du Bac, les Beauséant (*Le Père Goriot*) ont leur hôtel rue Saint-Dominique et rue de Grenelle, le duc de Grandlieu (*Splendeurs et misères des courtisanes*) également. Celui des Navarreins (*La Cousine Bette*) est rue du Bac.

SPLENDEURS ET MISÈRES DES COURTISANES, 1847
LA PEAU DE CHAGRIN, 1831
LA MAISON NUCINGEN, 1838

Raphaël de Valentin (*La Peau de chagrin*), devenu riche, s'installe rue de Varenne. Godefroid de Beaudenord (*La Maison Nucingen*) avait loué rue de la Planche *«un petit hôtel de mille écus, commode, ni trop grand, ni trop petit»*. L'église Saint-Thomas-d'Aquin est le point de convergence de tout ce beau monde. Rubempré (*Splendeurs et misères des courtisanes*) n'y manque pas une messe. Après son suicide à la Conciergerie – où fut également incarcéré Jacques Colin, alias Vautrin –, son service funèbre aura lieu à Saint-Germain-des-Prés, limite extrême du noble faubourg.

Les nouveaux quartiers de la rive droite (notre VIIIe arrondissement) sont presque aussi prestigieux. Mme Rabourdin (*Les Employés*) tient salon rue Duphot. L'hôtel des Laginski (*La Fausse Maîtresse*) est rue de la Pépinière. La princesse de Cadignan (*Les Secrets de la princesse de Cadignan*), après un revers de fortune, loue néanmoins rue de Miromesnil. Rue du Faubourg-Saint-Honoré, la marquise d'Espard possédait *«un bel hôtel, au numéro 104, où était reçu Rastignac et Bianchon»* (*L'Interdiction*). Le pensionnat de Mme Machefer (*Petites misères de la vie conjugale*) se trouvait à côté. Le Cours-la-Reine est le lieu de promenade par excellence des Parisiens chics de la rive droite: *«Trois ou quatre mille voitures, par une belle journée, affluent en cet endroit le dimanche.»* (*Illusions perdues*) Les femmes entretenues, grandes courtisanes ou simples lorettes, sont logées par leurs protecteurs dans un quartier alors un peu périphérique (notre IXe arrondissement). Carabine (*La Cousine Bette, Les Comédiens sans le savoir*) habite rue Saint-Georges. En fonction de leur ascension, elles quittent la proximité immédiate de Notre-Dame-de-Lorette pour gagner le quartier Saint-Georges, plus neuf. Florine (*Illusions perdues, La Rabouilleuse, Eugénie*

LES EMPLOYÉS, 1837
LA FAUSSE MAÎTRESSE, 1842
LES SECRETS DE LA PRINCESSE DE CADIGNAN, 1839
L'INTERDICTION, 1836
PETITES MISÈRES DE LA VIE CONJUGALE, 1855

Grandet) passe ainsi de la rue d'Hauteville à la rue Pigalle avant de se faire épouser par Raoul Nathan (*Une fille d'Ève*). Il faut plusieurs années à Mme Schontz, «*assez jolie pour pouvoir vendre l'usufruit de sa beauté*», pour aller de la rue Fléchier à la rue La Bruyère (*Béatrix*). Esther Gobseck se voit offrir par Nucingen (*Splendeurs et misères des courtisanes*) un bel appartement rue Taitbout. Le quartier des affaires est plus à l'est (nos Ier et IIe arrondissements). Il est moins bourgeoisement habité, mais c'est ici que se trouvent les commerces de luxe et les grands restaurants (*Au Rocher de Cancale*, rue Montorgueuil, au coin de la rue Greneta). César Birotteau (*Grandeur et décadence de César Birotteau*) tient boutique rue Saint-Honoré. C'est dans la rue Vivienne que se trouve l'étude de Me Derville (*Le Colonel Chabert*). Le marchand de châles Fritot (*Gaudissart II*) a son magasin au coin de la rue de Richelieu et de la rue Ménars. Le journaliste Finot (*Illusions perdues*) habite rue Feydeau et le journal de Raoul Nathan (*Une fille d'Ève*) occupe un vaste appartement dans un vieil hôtel de cette rue. Philippe Brideau et Rastignac fréquentent, comme tout le monde, le Palais-Royal. «*La poésie de ce terrible bazar éclatait à la tombée du jour. De toutes les rues adjacentes allaient et venaient un grand nombre de filles qui pouvaient s'y promener sans rétribution. [...] Les Galeries de Pierre appartenaient à des maisons privilégiées qui payaient le droit d'exposer des créatures habillées comme des princesses, entre telle ou telle arcade, et à la place correspondante dans le jardin ; tandis que les Galeries de Bois étaient pour la prostitution un terrain public, [...]. Une femme pouvait y venir, en sortir accompagnée de sa proie, et l'emmener où bon lui semblait. Ces femmes attiraient donc le soir aux Galeries de Bois une foule si considérable qu'on y*

ILLUSIONS PERDUES, 1843
LES COMÉDIENS SANS LE SAVOIR, 1846
LA RABOUILLEUSE, 1842
EUGÉNIE GRANDET, 1833
UNE FILLE D'ÈVE, 1838

BÉATRIX, 1839
GRANDEUR ET DÉCADENCE DE CÉSAR BIROTTEAU, 1837
LE COLONEL CHABERT, 1832
GAUDISSART II, 1844

marchait au pas, comme à la procession ou au bal masqué. Cette lenteur, qui ne gênait personne, servait à l'examen. Ces femmes avaient une mise qui n'existe plus ; la manière dont elles se tenaient décolletées jusqu'au milieu du dos, et très bas aussi par devant ; leurs bizarres coiffures inventées pour attirer les regards : celle-ci en Cauchoise, celle-là en Espagnole ; l'une bouclée comme un caniche, l'autre en bandeaux lisses ; leurs jambes serrées par des bas blancs et montrées on ne sait comment, mais toujours à propos, [...].» (*Illusions perdues*) Le Marais (notre IIIe arrondissement) est habité par des gens plus modestes. Le domicile du cousin Pons se situe rue de Normandie, «*une de ces rues au milieu desquelles on peut se croire en province*». L'enseigne du *Chat-qui-Pelote*, du drapier Guillaume, est à l'extrémité de la rue Saint-Denis et d'une rue disparue, voisine de la rue Tiquetonne. Coralie, maîtresse de Rubempré, vient mourir «*au quatrième étage d'une maison de la rue de la Lune*» (*Illusions perdues*). Rue Payenne vit, solitaire, le comte Octave de Bauvan, «*dans un hôtel aussi vaste que l'hôtel Carnavalet*» (*Honorine*). Mlle Tabareau, la fille de l'huissier (*Le Cousin Pons*), était propriétaire «*du chef de sa mère d'une maison à la place Royale*», aujourd'hui place des Vosges.

Si le collège Henri-IV est déjà renommé, puisque le fils de Mme de l'Estorade (*Mémoires de deux jeunes mariées*) y fait ses études, comme Oscar Husson (*Un début dans la vie*) et les deux fils de Phélion (*Les Employés*), si l'école de droit de la rue Soufflot est fréquentée par Félix Vandenesse (*Le Lys dans la vallée*), le Quartier latin, ou plus précisément la Montagne-Sainte-Geneviève (notre V^e^ arrondissement) et ses abords sont le refuge des pauvres. On y trouve des jeunes gens impécunieux débarqués de leurs provinces (Rastignac, Bianchon), d'anciens riches ruinés, ou ceux qui désirent camoufler leur identité (Vautrin)

HONORINE, 1843
LE COUSIN PONS, 1847
MÉMOIRES DE DEUX JEUNES MARIÉES, 1841-1842
UN DÉBUT DANS LA VIE, 1842
LE LYS DANS LA VALLÉE, 1835

ou leurs richesses comme l'usurier Gobseck qui habite rue des Grès (actuellement rue Cujas). C'est là que Raphaël de Valentin, encore dans la misère, va chercher de l'eau. La pension Vauquer (*Le Père Goriot*) qui logeait le jeune Rastignac était rue Neuve-Sainte-Geneviève (actuellement rue Tournefort).

Le service funèbre du père Goriot a lieu à Saint-Étienne-du-Mont. Le mari de Mme d'Espard (*L'Interdiction*), qui veut vivre économiquement, s'installe rue de la Montagne. Et Rubempré (*Illusions perdues*), abandonné par Mme de Bargeton, vit misérablement rue de Cluny.

Au sud-est, aux confins des actuels V^{e}, XIIIe et XIVe arrondissements, après le Val-de-Grâce – «*nul quartier de Paris n'est plus horrible ni plus inconnu*» (*Le Père Goriot*) –, on trouve une sorte d'entre-deux où les terrains vagues sont nombreux : on y joue aux boules sous l'œil des badauds, comme l'ancien chef des Dévorants, Ferragus, devenu à moitié gâteux.

La rue d'Enfer (l'avenue Denfert-Rochereau), où habita Mme de Berny, le premier amour de Balzac (Honoré, logeait, lui, au 1, rue Cassini, dans un immeuble aujourd'hui détruit), était une des sorties de Paris. Lucien de Rubempré (*Illusions perdues*) et la duchesse de Langeais l'empruntèrent, à tour de rôle, avant de passer devant les pavillons de Ledoux à la barrière d'Enfer (place Denfert-Rochereau), qui marquaient la limite sud de la capitale.

Au-delà, le faubourg Saint-Marcel est un quartier sinistre, souvent miséreux, peu sûr la nuit tombée. Le colonel Chabert y a trouvé refuge, rue du Petit-Banquier (rue Watteau, dans le XIIIe arrondissement).

EMMANUEL DE ROUX

Le Paris haussmannien

Émile Zola

Si Émile Zola connut mieux Paris que quiconque, c'est d'avoir expérimenté, dans ses débuts difficiles, ses meublés, sous-toits misérables et sombres arrières-cours... En 1884, dans la préface d'*Une Page d'amour*, l'écrivain se souvient précisément de ce Paris-là : «*Aux jours de ma jeunesse, j'ai habité des greniers de faubourg d'où l'on découvrait Paris entier. Ce grand Paris, immobile et indifférent, qui toujours était là, dans le cadre de la fenêtre, me semblait comme le confident de mes joies et de mes tristesses. J'ai eu faim et j'ai pleuré devant lui ; et devant lui, j'ai aimé, j'ai eu mes plus grands bonheurs.*» L'écrivain est né, en 1840, 10, rue Saint-Joseph, dans l'actuel IIe arrondissement, au quatrième étage d'un immeuble cossu qui existe toujours. Après la mort de son père, il vit quelque temps à Aix-en-Provence. Émile reviendra avec sa mère à Paris en 1858. «*Être pauvre à Paris*, écrira Zola dans *La Curée*, *c'est être pauvre deux fois.*» Entre 1858 et 1862, les Zola sont contraints de déménager sept fois. Parmi ses adresses multiples, la plupart nous renvoient à un Quartier latin plus modeste que celui d'aujourd'hui : 63, rue Monsieur-le-Prince ; 241, rue Saint-Jacques ; 24, rue Neuve-Saint-Étienne-du-Mont ; 11, rue Soufflot, où il vivait quand, le 7 novembre 1861, il comparut

UNE PAGE D'AMOUR, 1878
LA CURÉE, 1871

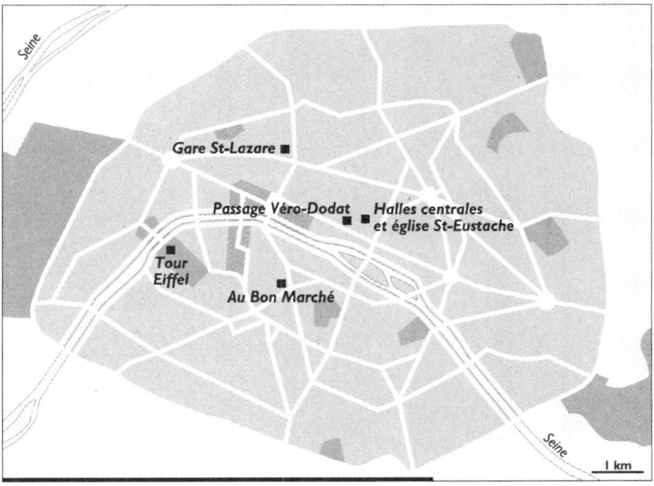

devant le maire du Ve arrondissement pour réclamer la nationalité française.
Au 35, rue Saint-Victor il loue une modeste chambre au septième étage de la maison Le Paradis qu'il transfigure en palais dans une lettre du 13 juin 1860 adressée à son ami Cézanne : «*L'habitation la plus haute du quartier, une immense terrasse, la vue de tout Paris, une chambrette délicieuse que je vais meubler dans le dernier chic, divan, hamac, pipes en foule, narguilé turc, etc. Puis des fleurs, puis une volière, puis un jet d'eau, une véritable féerie...*» Engagé par la librairie Hachette en 1862, Zola gagne un peu d'aise. Il rencontre bientôt Gabrielle-Alexandrine Meley et s'installe avec elle rue de l'École-de-Médecine puis au 10, rue de Vaugirard. En 1867, il peut enfin écrire à sa mère : «*Je suis maintenant avec ma femme [...]. Nous avons là tout un appartement. Salle à manger, chambre à coucher, salon, chambre d'ami, terrasse. C'est un palais véritable dont nous vous ouvrirons les portes, largement, dès votre retour.*»
En février 1858, arrivant de Provence, comme le Saccard de *La Curée*, Zola est instantanément séduit par la grande ville : «*Ce fut une vraie prise de possession. Il marchait pour marcher, allant le long des trottoirs, comme en pays conquis.*» C'est l'époque où le baron Haussmann perce ses larges artères dans la trame serrée du vieux Paris. La ville est un gigantesque chantier. Loin de s'appesantir sur le sort du Paris pittoresque, Zola se passionne au contraire pour les réalisations d'une architecture nouvelle, née du fer et du verre. Faire entrer ce Paris moderne dans ses romans devient l'une de ses principales préoccupations : «*Mon grand Paris, affairé dans la cendre grise du crépuscule. C'est lui qui me parle de l'art nouveau, avec ses rues vivantes, ses horizons tachés d'enseignes et d'affiches, ses maisons terribles et douces où l'on aime et où l'on meurt ! [...] Je le sens secoué par l'immense labeur du siècle, je le vois gros d'un monde, et si j'avais quelque orgueil suprême, je rêverais de le jeter tout chaud et tout plein de son travail géant, dans quelque œuvre gigantesque.*» (*Le Corsaire*, 3 décembre 1867)

AU BONHEUR DES DAMES, 1883
LE VENTRE DE PARIS, 1873
LES TROIS VILLES :
LOURDES, 1894 ; *ROME*, 1896 ; *PARIS*, 1898

Ces œuvres, ce seront *Au Bonheur des dames*, une bonne moitié de la saga des Rougon-Macquart, *Le Ventre de Paris*, et *Paris*, dernier volume de ses *Trois villes*. C'est ce Paris moderne qui apparaît à Claude Lantier, dans *Le Ventre de Paris*, tandis qu'il observe les anciennes Halles centrales écrasant l'église Saint-Eustache : «*C'est une étrange rencontre, ce bout d'église encadré sous cette avenue de fonte... Ceci tuera cela, le fer tuera la pierre, et les temps sont proches [...]. C'est l'art moderne, le réalisme, le naturalisme, comme vous voudrez l'appeler qui a grandi en face de l'art ancien. Ces Halles sont le seul monument original [...] qui ait poussé naturellement dans le sol de l'époque.*» Le gigantisme de l'architecture fonctionnelle des Halles, des gares (il passera de longues heures à parcourir la gare Saint-Lazare, tandis que germe en lui le projet de *La Bête humaine*), de la tour Eiffel, des galeries marchandes (le passage Véro-Dodat) et des grands magasins (*Au Bon Marché*) exerce sur Zola un mélange de fascination et de répulsion. L'auteur d'*Au Bonheur des dames* jubile devant l'architecture métallique des nouveaux temples du commerce : «*Les escaliers de fer, à double révolution, développaient des courbes hardies, multipliaient les paliers ; les ponts de fer, jetés sur le vide, filaient droit, très haut ; et tout ce fer mettait là, sous la lumière blanche des vitrages, une architecture légère, une dentelle compliquée où passait le jour, la réalisation moderne d'un palais de rêve.*»

LA BÊTE HUMAINE, 1890

Le Lac du bois de Boulogne : sous le regard attentif de Jeanne, Jacques et Denise donnent à manger aux cygnes du grand lac»,
photo d'Émile Zola.

Au Paris du Zola romancier et journaliste, ajoutons celui, moins connu, de Zola photographe. Celui-ci flâne longuement dans les allées des Tuileries ou du Luxembourg, au parc Monceau ou aux Buttes-Chaumont. Au bois de Boulogne, sur ses beaux clichés, on verra, près de l'embarcadère des canots de louage, ses enfants, Jacques et Denise, donnant à manger aux cygnes du grand lac ou du lac inférieur... En 1900, posté en haut du Trocadéro, l'objectif de Zola est à l'affût des nouveautés de l'Exposition universelle. Cette débauche de formes et d'inventivité ne confirme-t-elle pas la thèse de son roman *Paris* : «*Seule la science est révolutionnaire*» ?

CYRIL JARTON

Le Paris des surréalistes

André Breton

Robert Desnos

Philippe Soupault

Louis Aragon

La promenade sans but, laissant toute latitude au hasard érigé en religion, était l'une des activités revendiquées par les premiers surréalistes. Dans les années 1920, ces maîtres de la *déambulation libre*» s'appellent Louis Aragon (1897-1982), André Breton (1896-1966), Robert Desnos (1900-1945) ou Philippe Soupault (1897-1990)... De Paris, ils fuient le romanesque et les quartiers à la mode pour traquer l'activité inconsciente de la ville, ses incohérences, ses regroupements bizarres, ses lapsus. Les passages parisiens, ces galeries marchandes désuètes, faiblement éclairées par des verrières où s'entassent des marchandises hétéroclites, inspirent particulièrement l'Aragon du *Paysan de Paris*. Le passage de l'Opéra, aujourd'hui avalé par le percement du boulevard Haussmann, lui apparaît aussi mystérieux qu'un fond sous-marin : «*Toute la mer dans le passage de l'Opéra. Les cannes se balançaient doucement comme des varechs. Je ne revenais pas encore de cet enchantement quand je m'aperçus qu'une forme nageuse se glissait entre les divers étalages de la devanture. Elle était un peu au-dessous de la taille normale d'une femme...*» Le café *Certa*, à l'entrée du passage, était l'un des lieux de ralliement du groupe. Délaissant les hauts lieux de l'avant-garde (Montparnasse), ils apprécient l'atmosphère des grands boulevards, abandonnés par les intellectuels et le gratin parisien. Ils fréquentent de grandes brasseries populeuses, tels le café *Cyrano*, place Blanche, le *Globe*, près de la porte Saint-Denis, ou le *Café d'Angleterre*, carrefour Richelieu-Drouot. Des quartiers nord, ils aiment les cabarets ou les cinémas qui véhiculent les mythes populaires que Desnos immortalisa dans sa *Complainte de Fantômas* :

Louis Aragon,
Le Paysan de Paris, 1926
Robert Desnos,
Complainte de Fantomas,
1933

Dessin extrait
de l'édition originale
de *Nadja*.

«Allongeant son ombre immense
Sur le monde et sur Paris,
Quel est ce spectre aux yeux gris
Qui surgit dans le silence?
Fantômas, serait-ce toi
Qui te dresses sur les toits?»

Dans *L'Amour fou* ou dans *Nadja*, André Breton avoue son attirance pour le musée Grévin ou les puces de Saint-Ouen, qui sont pour lui autant de sites archéologiques: *«J'y suis souvent, en quête de ces objets qu'on ne trouve nulle part ailleurs, démodés, fragmentés, inutilisables, presque incompréhensibles, pervers enfin au sens où je l'entends et où je l'aime, comme, par exemple cette sorte de demi-cylindre blanc irrégulier, verni, présentant des reliefs et des dépressions sans signification pour moi...»* Le chef du clan surréaliste affectionne aussi les monuments morcelés, oubliés par le temps telles la tour Saint-Jacques ou la «*très belle et très inutile porte Saint-Martin*», relique d'enceintes disparues. Errant «*sans but*», le flâneur est ouvert à l'imprévu, à la rencontre fortuite. Ainsi, sur le boulevard Bonne-Nouvelle, tandis qu'il approche de la gare du Nord, Breton aborde une inconnue, Nadja. Au fil de quelques rendez-vous, leur histoire se tisse, place Dauphine («*Le lieu le plus profondément retiré que je*

André Breton,
L'AMOUR FOU, 1937;
NADJA, 1928

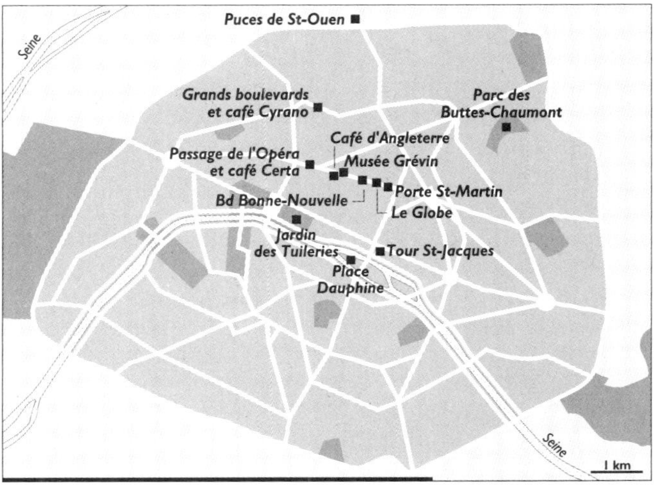

connaisse...») et au jardin des Tuileries où le paysage exprime les sentiments des deux personnages : «*Vers minuit, nous voici aux Tuileries, où elle souhaite que nous nous asseyions un moment. Devant nous fuse un jet d'eau dont elle paraît suivre la courbe. Ce sont tes pensées mélangées aux miennes.*»

Dans les textes surréalistes, la ville se transfigure volontiers en son contraire, une jungle urbaine où l'œil peut «*errer à l'état sauvage*». Pour Philippe Soupault, Paris, comme couvert par la Seine, est, une ville océan :

> «*Toutes les rues sont des affluents*
> *quand on aime ce fleuve où coule tout le sang de Paris*
> *Et qui est comme une sale putain*
> *Mais qui est aussi la Seine simplement*
> *À qui on parle comme à sa maman*»
> (*La Rose des vents*)

Quelque part sur cet océan, dans le XIXe arrondissement, le parc des Buttes-Chaumont apparaît telle une île mystérieuse. André Breton, Marcel Noll et Louis Aragon s'y rendirent une nuit : «*Promenons-nous dans ce décor des désirs, dans ce décor plein de délits mentaux, et de spasmes imaginaires. Peut-être, à la trahison d'un geste, comprendrons-nous ce qui lie ces fantômes sensibles à l'émouvante vie des buissons trembleurs, au gravier bleu qui crisse sous nos pieds. Qui me dira le secret des arceaux de fer qui limitent les chemins, le long des pelouses, le secret de ses cœurs soumis à tout un protocole de verdure et à l'accablante loi d'un pays inventé ? Avançons, mes amis, dans cette nuit peuplée.*» (*Le Paysan de Paris*)

CYRIL JARTON

Les piétons de Paris

Paris est une ville plurielle. Les écrivains qui l'ont aimée, habitée, investie et transfigurée donnent à voir ses facettes. C'est souvent les quartiers méconnus de la périphérie qui les a retenus. On peut partir avec eux des hauteurs de Belleville aux confins de Montrouge, quand la promotion immobilière qui a particulièrement sévi dans cet environ-

Léon-Paul Fargue, par Brassaï.

nement fragile n'en a pas détruit tous les repères.

Le Nord de Léon-Paul Fargue (1876-1947) se trouve quelque part dans le Xe arrondissement. Son territoire de prédilection est le quart nord-est de Paris, aux paysages ferroviaires. Après avoir logé rue du Colisée et rue de Dunkerque, il habita boulevard Magenta puis faubourg Saint-Denis, et enfin rue de Château-Landon. «*Je tiens ce que j'appelle encore mon quartier, c'est-à-dire le Xe arrondissement, pour le plus familier, le plus poétique et le plus mystérieux de Paris.*» Délimité par le canal de l'Ourcq, le boulevard de la Chapelle, les gares du Nord et de l'Est, c'est un «*pays*» plutôt qu'un arrondissement «*formé par des canaux, des usines, les Buttes-Chaumont, le port de la Villette*», hanté par les sifflement des trains. C'était un quartier, disait Fargue, qui «*n'a pas été inventé exprès pour plaire*», mais qui a toujours «*une richesse de façades, d'impasses, de croisements de rues, des soupirs furtifs sous des voûtes, des envies de rester là avec son métier, sa famille, ses plats préférés*». Fargue s'y promenait la nuit de préférence, à l'heure où son quartier «*enfile son véritable*

Léon-Paul Fargue,
LE PIÉTON DE PARIS, 1939 ;
POISONS, 1946

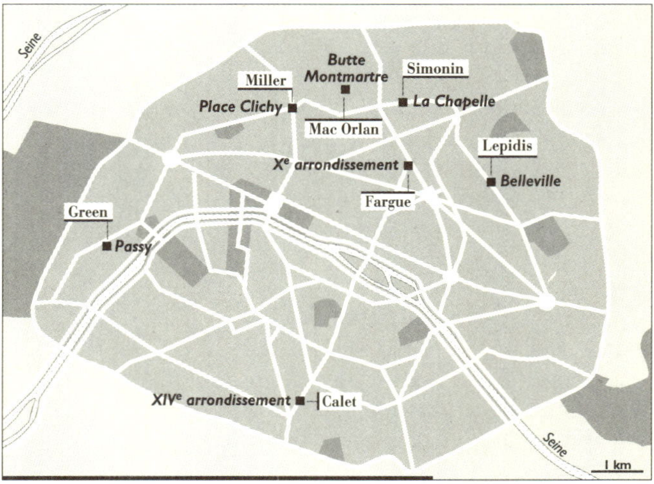

costume» avec ses paumés, ses désœuvrés qui font naître en lui *«une singulière admiration pour des milliers d'êtres... que la vie condamne... humanité que rien ne console»* (*Poisons*).
Autre écrivain du même faubourg, Albert Simonin (1905-1980) livre, pêle-mêle, ses souvenirs dans *Confessions d'un enfant de la Chapelle*. L'auteur de *Touchez pas au grisbi* a passé son enfance au 6, rue Riquet. *«Nous les mômes, foncions au rendez-vous des galopins»*, celui de la fauche et des bagarres. Leur terrain de jeu se trouvait derrière l'église Saint-Denis-de-la-Chapelle et les *«verdures poussiéreuses»* du square Hébert. Leur point de ralliement galant était au métro Château-Rouge. Simonin y vécut les premières virées de la bande à Bonnot. À proximité de la rue Ordener, la bande avait attaqué son premier encaisseur, répandant dans le quartier une véritable panique. Pendant la Première Guerre mondiale, les habitants du quartier se ruaient sur les ponts Riquet et Ordener pour voir *«passer les convois sanitaires de blessés évacués du front»*, tandis que des bombes tombaient rue du Département et place de Bitche. L'armistice signée, le faubourg retrouva son goût de la fête. Les chapellois se retrouvaient au cinéma (il y en avait trois, rue de la Chapelle, qui ont disparu depuis), aux *Bouffes-du-Nord* (toujours debout) pour écouter des opérettes ou au *Trianon lyrique*, 6, boulevard Rochechouart, au *Muguet*, une société dansante, située à l'angle de la rue de la Chapelle et de l'impasse du Curé, dans laquelle toutes les générations venaient s'initier à la valse.

Albert Simonin,
TOUCHEZ PAS AU GRISBI, 1953 ;
CONFESSIONS D'UN ENFANT DE LA CHAPELLE, 1974
Pierre Mac Orlan,
VILLES, 1966

Provincial fauché et sans métier, Pierre Mac Orlan (1882-1970) débarqua à Montmartre au début du siècle. Dans ce *«petit village dans la ville»*, il s'initia vite à la bohème. Adopté par le club de la rue Saint-Vincent et plus tard par celui de la rue Ramey, il perdit pendant plusieurs années *«tout contact avec le monde civilisé»* et plongea dans une période de *«dénuement absolu»* (*Villes*). Sans domicile fixe, il dormait, en bande, dans les foins d'un clos à l'angle de la rue Saint-Vincent et de la rue Bonne, ou dans les hôtels miteux de la Butte, quand il ne passait pas la nuit éveillé, au comptoir d'un des nombreux mastroquets de la Butte. Mac Orlan vivait de chansons qu'il vendait rue du Faubourg-Saint-Denis ou de dessins croqués au bistrot.

Henry Miller en 1962.

C'est un peu moins démuni qu'Henry Miller (1891-1980) découvre, à la veille de la Seconde Guerre mondiale, la vie de la place Clichy. Là, les filles illuminent Paris «*comme des lucioles parfumées. [...] Je goûtais à l'avance le plaisir de passer une heure ou deux au Wepler avant d'aller dîner. La lueur rose qui nimbait toute la salle émanait des putains... À mesure qu'elles s'égaillaient parmi les clients, la salle devenait non seulement chaude et rose, mais parfumée.*» Le charme de Montmartre réside dans les «*trafics sexuels qui s'y étalent au grand jour*». La sexualité «*crée une atmosphère, puissante et nostalgique... elle prend ses aises dans le clair-obscur*». Henry Miller en garde un souvenir nostalgique : «*Quand je repense à toute cette période où nous vivions ensemble à Clichy, j'ai le souvenir d'un petit séjour au paradis.*» (*Jours tranquilles à Clichy*)

Henri Calet (1903-1956) habita tous les quartiers : né dans le XIVe arrondissement, il navigua à Ménilmontant, rue de Tanger à la Villettte, rue Lacordaire à Grenelle, rue des Acacias aux Ternes, avant de revenir quarante ans plus tard à son point de départ : «*De ma lucarne, c'est un beau paysage à l'œil nu. J'ai vue sur Paris depuis le mont Valérien, à ma gauche, jusqu'à l'Observatoire de Montsouris, à ma droite. [...] C'est mon champ. Voilà longtemps que je le laboure et que je le sème : rien n'a germé, rien n'a fleuri.*» (*Le Tout sur le Tout*) La ligne de métro Étoile-Nation est une de ses promenades préférées. Il y voit défiler le «*comportement des rues*» quand la rame sort des tunnels. Lorsqu'elle quitte la rive gauche et aborde le XVIe arrondissement, Calet prend un plaisir furtif à regarder les intérieurs bourgeois de cette terre «*étrangère*» ; un jour, il surprit la jambe nue d'une femme. Mais l'épicentre de Calet, c'est la partie populeuse des rues Vercingétorix et Raymond-Losserand, les artères provinciales, rue Hallé, rue Ducoüedic, rue de l'Eure. Le bus 38, ex-8, va de Montrouge à Gare-de-l'Est. Il l'avait même suivi jusqu'en Bourgogne pendant la Seconde Guerre mondiale, réquisitionné lui aussi. Square de la Mairie, en face des

Henry Miller, *Jours tranquilles à Clichy*, 1956
Henri Calet, *Le Tout sur le Tout*, 1948

briques rouges de l'Annexe, il trouve un havre de paix, au cœur de la ville bruyante; celle-ci prend soudain des allures champêtres. Au fil du temps, il voit son quartier s'évanouir. Avenue du Général-Leclerc, ex-avenue d'Orléans, il cherche en vain le marché permanent, la rue est maintenant *«désolée»*. Clément Lepidis pénètre avec effroi dans son *«village en ruine»*. Rue Vilin, rue Piat, tout a été cassé. Belleville est un quartier qu'il ne reconnaît plus. *«J'explore, je farfouille, comme la fouine cherche sa proie.»* (*Belleville au cœur*) En vain. Les promoteurs ont tout avalé ! Le piéton s'attarde le long des façades condamnées à disparaître : de la rue des Pyrénées à l'église de Belleville, devant le 85 de la rue de Belleville, où résiste encore la plus vieille maison du quartier.
Julien Green tente lui aussi de retrouver son vieux Passy. En y revenant, Green pense au suicide : *«Je ne vois pas de meilleur décor pour un suicidé ou pour une exécution capitale.»* Les immeubles *«forteresses»* ont remplacé les villas *«d'une élégance surrannée et des jardins conservant comme un trésor leur silence et leur chant d'oiseaux»*. Seule l'avenue Henri-Martin, restée intacte, le console : *«Je vois un cavalier oublieux de son temps et qui fuit au galop vers Hier.»*

Clément Lepidis,
***BELLEVILLE AU CŒUR*, 1980**
Julien Green,
***PARIS*, 1983**

ANNE ROUTIN

À NE PAS MANQUER

Honoré de Balzac

À visiter
Maison de Balzac
47, rue Raynouard, 75016 Paris
Tél. 01 42 24 56 38
Centre de documentation et de recherche sur Balzac.

Émile Zola

À voir
Maison mortuaire
21 *bis*, rue de Bruxelles, 75017 Paris
À visiter
Musée Émile-Zola
26, rue Pasteur, 78670 Médan
Tél. 01 39 75 35 65

PAYS-DE-LA-LOIRE

Nantes est une ville chère aux surréalistes. Breton fit plusieurs fois le voyage pour retrouver les traces de son ami Vaché, mort d'un excès d'opium dans un petit hôtel nantais. Julien Gracq, qui y a passé toute sa jeunesse, lui a consacré un livre entier : *La Forme d'une ville*, bréviaire avec lequel on peut explorer les mystères de cette ville. On peut aussi gagner le village de Louisfert, qui fut le centre d'une école poétique méconnue, animée par René Guy Cadou, mort prématurément au début des années 1950.

Géographie nantaise

Julien Gracq

Les relations qu'entretiennent les artistes avec leur lieu d'origine sont parfois délicates. Ce n'est pas le cas de Julien Gracq, qui a fait un somptueux cadeau à Nantes avec *La Forme d'une ville.*

L'écrivain est né en 1910 à Saint-Florent-le-Vieil (Maine-et-Loire), dans une famille d'artisans qui a toujours vécu dans la région «*entre le tombeau de Bonchamps et le château natal de Gilles de Rais*». Mais très tôt, il prend le chemin de Nantes. À onze ans, il entre en sixième au lycée Clemenceau, en 1921. Il reste sept ans interne, supportant mal le caporalisme, la claustration et l'inconfort «*depuis le dortoir glacé jusqu'au linge parcimonieux et le poisson ammoniacal*». De cette époque lui est restée non seulement sa passion pour la littérature, mais aussi pour la géographie, deux sources inépuisables d'«*eau fraîche*» durant sa «*réclusion*» lycéenne. Grâce à Nantes, Julien Gracq est aussi le dernier de nos grands géographes.

LA FORME D'UNE VILLE, 1985

«*Nantes*, écrit-il, *est restée ma ville.*» Il songera à cette cité toute une partie de sa vie. *La Forme d'une ville*, publiée en 1985, mais conçue dès les années 1960, n'a rien d'un portrait officiel. «*La forme d'une ville change plus vite que le cœur d'un mortel*», disait Baudelaire. L'œil de géographe de Gracq est en permanence attentif à la mouvance des paysages, au surgissement des lisières. Écrivain de «*l'approche*», il guette dans les villes, du train par exemple, exercice si familier, «*les premiers signes d'infiltration de la campagne par les digitations du noyau urbain*», ces no man's land incertains, théâtres d'obscurs affrontements. Chaque être porte en lui encore cette «*longue hésitation, jamais tout à fait tranchée, entre la ville et la campagne*». Mais dans *La Forme d'une ville*, il s'agit plutôt pour l'auteur de montrer comment la capitale nantaise l'a «*formé*», l'a éveillé au monde «*à travers le prisme qu'elle interposait entre lui et moi*», d'expliquer quel rôle elle a joué dans la naissance de l'écrivain, en tant qu'espace de désir et de rêverie.

Ce n'est pas en «*pèlerin d'art*» que Gracq mène sa déambulation à travers la ville. Dans cette exploration sur le mode intime, il trace des pistes, qu'efface aussitôt le grand vent de l'imaginaire. Nantes lui fait l'impression d'une «*grande ville*», ce qui avait déjà frappé Stendhal. Il pense à Madrid «*dont*

Le passage Pommeraye.

rien ne la rapproche, sinon le même et superbe négligé monumental». Nantes est une ville trop aventureuse, trop mouvante, trop «*surréaliste*» pour être «*balzacienne*».
Le passage Pommeraye, coquetterie de l'urbanisme nantais, l'attire: «*La séduction liée, dans une cité, aux "passages", a des affinités érotiques qui sont de structure, et évidentes: hantise des orifices et des conduits secrets, ombreux, chaleureux, qui donnent sur le labyrinthe viscéral, les repaires intimes du vaste corps urbain*, écrit-il. *Rien ne peut faire que le pas, de lui-même, ne se ralentisse, que l'oeil ne sonde le clair-obscur de ces boutiques, où bouge parfois et se déplace une ombre languide...*» Pourtant le lieu, où le soleil pénètre trop fort comme par effraction par une haute verrière, n'a pas ce charme «*un peu clandestin, de souk secrètement érotisé*» que dégagent certains passages parisiens.
Le théâtre Graslin, «*bâti à l'ère des lumières pour les besoins culturels des négriers*», a tout d'une «*cathédrale laïque de l'art*». L'Erdre a le pittoresque d'une «*rivière irlandaise*». Angers, la rivale de Nantes, où auraient dû plutôt le conduire

ses attaches familiales, aura moins de chance sous la plume de l'écrivain : le génie du lieu, indique-t-il, *«m'a toujours paru être celui du confinement»*.

Décidément, Nantes plaît aux artistes. Breton n'écrivait-il pas de la cité nantaise qu'elle était *«peut-être avec Paris la seule ville de France où j'ai l'impression que peut m'arriver quelque chose qui en vaut la peine»*.

Julien Gracq est discrètement revenu, à plusieurs reprises, arpenter son territoire. Il n'est pourtant pas sûr que la célébration du patrimoine au travers de son œuvre, qui l'obligerait à devenir le propre gardien de son mausolée, le satisfasse entièrement. *«Écrire un livre,* note-t-il dans les *Carnets du grand chemin, c'est d'une certaine manière se débarrasser de lui, faire place nette d'une gestation à la longue oppressante pour revenir à cette liberté de l'esprit vacant.»*

CARNETS DU GRAND CHEMIN, 1992

Un livre mené à son terme, c'est une part de soi qui se fige, une sorte de *«précipité qui a coagulé»*. *«Ainsi l'écrivain vit-il détaché comme tout lecteur, impliqué comme tout auteur en commerce familier avec un certain nombre de concrétions issues de lui-même, sortes de "moi" à demi avoués, à demi aliénés, semés un à un à la dérive au fil du temps...»*

RÉGIS GUYOTAT

Louisfert-en-Poésie

René Guy Cadou

Pour lui, *«le temps était venu d'écrire dans le roc»*. Louisfert, à quelques pas de Châteaubriant, fut le dernier havre de René Guy Cadou (1920-1951). *«Une bourgade de six cents âmes disséminées dans la campagne avec son église sans clocher entourée de cinq à six bistrots peut sembler le*

La demeure de René Guy Cadou à Louisfert, 1949.

comble de la solitude sans doute... La solitude je la vois pour moi dans l'insignifiante compagnie des gens de lettres.» Le 20 mars 1951, à trente et un ans, le poète fut emporté par la maladie, dans l'école où il avait été nommé instituteur.

«Allez, Continuez sans moi le voyage
Abandonnez-moi comme un excédent de bagage
Dans le hall d'une grande gare
Ou sur une plage
Sans couverture ni vivres
À quoi bon»
(«Continuez !» in *Poèmes inédits*)

POÈMES INÉDITS, 1948

Aujourd'hui, le lieu abrite la «demeure de René Guy Cadou» qui, en plus d'un musée, accueille à titre expérimental des classes du patrimoine. Des spectacles sont donnés à la «Grange aux poètes», une ancienne salle paroissiale restaurée par la municipalité. L'objectif est que le village devienne ce qu'il était au temps de Cadou, un «carrefour fraternel : Louisfert-en-Poésie». L'aventure de la Poésie fut aussi, pour René Guy Cadou, l'aventure de l'amitié. Il eut la chance de rencontrer, très tôt, Pierre Reverdy et Max Jacob, ses aînés. Louisfert devint vite un carrefour où des poètes – Luc Bérimont, Michel Manoll –, des peintres – Roger Toulouse, Jean Jégoudez – se réunissaient. Ils «*se souviendront de l'automne à Louisfert, comme on se souvient de son enfance,* écrira Hélène Cadou, sa femme. *Et c'est en effet, avec un cœur d'enfant que chacun vivait ces journées. Nul d'entre nous n'oubliera ces profondes auberges où les cuivres rougeoient, les prés comme des salles de bal, sous les pommiers, les champignons roses qui poussent en fer à cheval, derrière les haies, le pressoir de pierre, près du jardin. Nous faisions rôtir le chevreuil, griller les châtaignes, mettions à cuire, sur le poêle communal, de copieux civets de lièvres, relevés de cidre et de châtaignes.»* À Nantes, dans les locaux de la médiathèque, est installé depuis 1993 le centre René-Guy-Cadou, où ont été déposées les archives. Il est accessible aux étudiants et aux chercheurs.

RÉGIS GUYOTAT

À NE PAS MANQUER

René Guy Cadou

À voir

Demeure de René Guy Cadou
Rue René-Guy-Cadou
44110 Louisfert
Tél. 02 40 81 47 62

PICARDIE

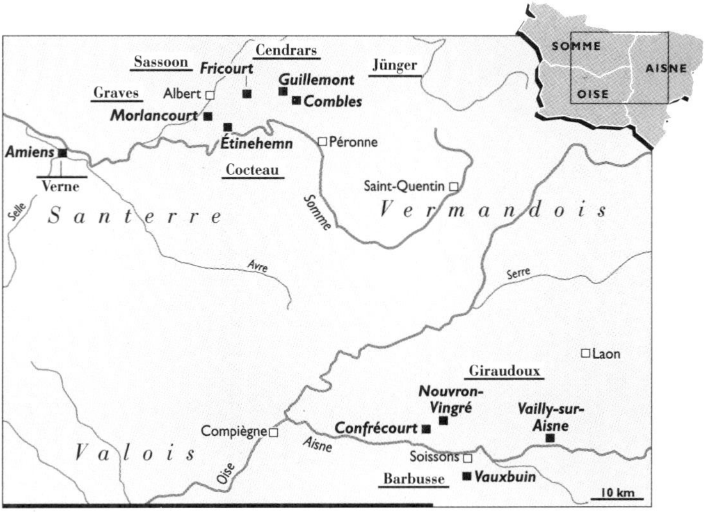

Sans se connaître, ils se sont donné rendez-vous, entre 1915 et 1918, du côté de Péronne. Il y avait là des Français, des Allemands, des Anglais, Barbusse, Duhamel, Jünger, Robert Graves et même un Suisse égaré dans la Légion étrangère, Cendrars. Tous écrivains. Ils ont pataugé dans la boue des tranchées pendant des mois et ont parfois dû se tirer dessus. Le champ de bataille de la Somme se visite toujours à partir de l'impressionnant Mémorial de Péronne, dessiné par l'architecte Henri Ciriani.

L'an 2000 commence à Amiens

Jules Verne

Amiens, cette *«ville sage où la société est cordiale et lettrée»*, fut le lieu de résidence du Nantais Jules Verne, de 1871 à sa mort, en 1905. Participant activement à la vie civique de «sa» ville, l'auteur du *Tour du monde en quatre-vingts jours* en devint vite un notable, conseiller municipal (1888-1904) et, en 1892, président de l'Académie des sciences, lettres et arts d'Amiens. Réputé pour ses critiques virulentes du système, il conteste vivement la classe nouvelle des bourgeois libéraux, adorateurs de l'industrie dont la volonté est de mêler pouvoirs politiques et économie. D'un tempérament secret et peu enclin au tumulte de la vie parisienne, il revendique son attachement à cette ville lors d'un discours prononcé en 1875 qui sera publié sous le titre *Une ville idéale, Amiens en l'an 2000*. Ce discours, daté du 12 décembre, est une réflexion satirique sur Amiens telle qu'elle était dans le dernier quart du XIXe siècle : *«J'ai fait une promenade dans le vieil Amiens, si merveilleusement poétisé par l'habile crayon des Duthoit. De cette excursion à travers la petite Venise industrielle que les onze bras de la Somme forment au nord de la ville, il ne me restait que de charmants souvenirs. Je rentrai chez moi, boulevard Longueville, je dînai, je me couchai, je m'endormis.»* L'écrivain, alors plongé dans un profond sommeil, rêve. Et le sujet de cette escapade onirique est sa ville d'adoption, Amiens, telle qu'il aimerait qu'elle soit en l'an 2000 : «— *J'en suis à me demander si cette ville est Amiens, si cette rue est la rue de Beauvais. — Oui, oui ! cher client, c'est Amiens ! Ah si nous avions le temps de monter à la flèche de la cathédrale, vous reconnaîtriez bien la capitale de notre Picardie, défendue maintenant par ses forts détachés ! Vous reconnaîtriez ces charmantes vallées de la Somme, de l'Avre, de la Selle, ombragées par ces beaux*

LE TOUR DU MONDE EN QUATRE-VINGTS JOURS, 1873

Jules Verne et son chien Follet, dans le jardin de sa maison, rue Charles-Dubois, à Amiens.

arbres ! [...] ces boulevards extérieurs, qui franchissent la rivière sur deux ponts magnifiques et lui font une verdoyante ceinture [...] ; la ville industrielle qui s'est si rapidement développée sur la rive droite de la Somme, depuis que la citadelle a été démolie...»

C'est également à Amiens que Jules Verne effectuera son premier voyage en ballon, en 1873, à bord du *Météore*, conçu par Godard. Il logera dans quatre domiciles successifs mais seule la maison de la Tour, qu'il occupera pendant plus de vingt ans (il y écrivit notamment la plupart de ses *Voyages Extraordinaires*), se visite ; elle abrite depuis 1971 le centre de documentation Jules-Verne. Celui-ci possède un fonds impressionnant – plus de 20 000 volumes dont les titres aux reliures rouge et or des éditions Hetzel – et propose une promenade «Sur les pas de Jules Verne». La maison se situe au centre de la ville, au n° 2 de la rue Charles-Dubois, à l'angle du boulevard Longueville – actuel boulevard Jules-Verne –, et surplombe de petits jardins – dans l'un d'eux est érigé un monument dédié à l'écrivain. L'essentiel de la maison est resté intact comme la tour et sa terrasse qui permet de découvrir Amiens et ses environs. Au rez-de-chaussée, une galerie accueille des expositions. La salle à manger, avec ses boiseries néogothiques, le salon et l'ancien fumoir se visitent. Dans chacune de ces salles sont présentées des maquettes, le *Nautilus* du capitaine Nemo ou celle du yacht de Jules Verne, le *Saint-Michel*. Tout le premier étage est réservé aux passionnés de ce *«vieux magicien»* (Julien Gracq).

De sa maison il faudra se rendre place Longueville, où se trouve le cirque que Jules Verne a imaginé. Réalisé par Émile Ricquier, un ami de l'écrivain, il sera inauguré en 1889. Dans la rue des Trois-Cailloux, il est possible de voir la façade du Théâtre d'Amiens où il se rendait souvent en qualité de membre d'une commis-

CINQ SEMAINES EN BALLON, 1863

sion municipale. Le pèlerinage ne sera pas complet sans une halte au cimetière de la Madeleine, où repose l'auteur de *Cinq semaines en ballon*. Dans ce véritable jardin, au n° 2 de la rue Poudrière, une visite est organisée afin de se recueillir devant son tombeau sculpté par Albert Roze.

SANDRINE AZOULAY

Sous les orages d'acier

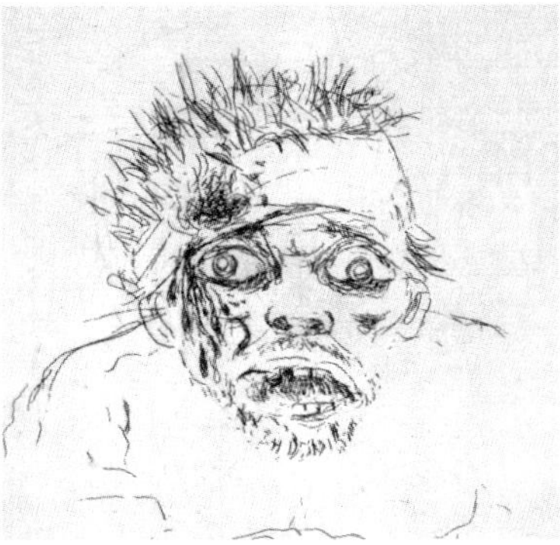

Sur les rives paisibles de l'Aisne et dans la vallée de la Somme, la nature et le travail des hommes ont presque effacé les cicatrices de la Grande Guerre. Comme si la mémoire de ces paysages défigurés ne subsistait plus que dans l'œuvre de ces écrivains, jetés ici et là, tombés ou survivants, au hasard du front... De Vauxtin, village situé près de Soissons, Henri Barbusse (1873-1935) écrit à Hélyonne, son épouse: «*Je mène l'existence la plus tranquille, la moins exposée qu'on puisse mener en campagne.*» Jusqu'à la fin de l'année 1914, le front reste calme, à quelques kilomètres, au nord, sur les rives de l'Aisne... À l'aube du 7 janvier, cependant, Barbusse et son escouade quittent leur cantonnement de Ploisy pour monter en première ligne. Les nombreuses notes laissées dans ses carnets décrivent minutieusement l'itinéraire qui le mena à l'assaut du plateau de Crouy, alors sommairement dénommé «côte 132». Dans *Le Feu*, le roman qui le fit connaître, Barbusse se souvient comment, assoupi en attendant l'attaque, il fut éveillé par une ménagerie monstrueuse: «*[...] meuglement, rugissement, grondement farouche et étrange [...]*

Henri Barbusse,
Le Feu, 1916

déchirent férocement les oreilles et vous fouillent le ventre. [...] La campagne, par place, se lève et retombe ; elle figure devant nous, d'un bout de l'horizon à l'autre, une extraordinaire tempête de choses». Comme Jean Giraudoux (1882-1944), cet autre passant célèbre des coteaux meurtriers de l'Aisne, Barbusse découvre alors l'existence lugubre des tranchées – «*un palais de rats où fourmillent des soldats*». On se fera une idée de cette vie souterraine en visitant les carrières de Confrécourt (où fut stationné Giraudoux), à Nouvron-Vingré, et de Rouge-Maison, à Vailly-sur-Aisne.

Plus âpres, s'il se peut, furent les combats dans la vallée de la Somme. Entre Amiens et Péronne (dont le Mémorial recèle de nombreux documents et quelques raretés comme ces dessins d'Otto Dix), étangs, marais et îles boisées sont autant d'embûches potentielles... Ernst Jünger (né en 1895), engagé à dix-sept ans dans la Légion étrangère française, a rejoint en 1914 les rangs de l'armée allemande. Pour ce chasseur instinctif, cette contrée dangereuse est l'espace d'une vision héroïque de la guerre, qui, selon lui, réalise «*une unité magique entre l'esprit et le sang*». Dans les *Orages d'acier*, il se souvient comment, se rendant au village de Guillemont, «*foyer légendaire de la bataille de la Somme*», il conduisit sa section jusqu'au bourg de Comble, pris sous le feu de l'artillerie adverse. Traversant le hameau de Frégicourt-Ferme, devant le cimetière de Comble, il fait cette confession étrange : «*C'est là seulement que j'observai l'existence d'une sorte d'horreur, étrangère comme une contrée vierge. Ainsi, en ces instants, je ne ressentai pas de crainte, mais une aisance supérieure et presque démoniaque ; et aussi de*

Ernst Jünger, *ORAGES D'ACIER*, 1920

À gauche : *Blessé en fuite.* Ci-dessus : *Retour de la troupe épuisée.*
Dessins d'Otto Dix sur la bataille de la Somme : *Der Krieg*, 1924.

L'Avancée des mitrailleuses, Otto Dix, 1924.

surprenants accès de fou rire, que je n'arrivai pas à contenir.» Maintes fois blessé, Jünger en réchappa. Moins chanceux, les poètes expressionnistes Alfred Lichtenstein et Reihart «Johannes» Sorge, morts à vingt-cinq et vingt-quatre ans, sont enterrés au village de Vermandoviller, dans la fosse commune du cimetière allemand.

En juillet 1916, les généraux Joffre et Haig lancent sur la Somme une grande offensive franco-anglaise où se déchaîne un enfer encore jamais connu. À cheval sur la ligne de front se trouve la ville d'Albert dont le musée, et surtout la basilique, tiennent une place centrale dans la commémoration de la bataille de la Somme. Comme sept cents autres églises de la région, la basilique d'Albert fut entièrement détruite, puis rebâtie, en 1927, par l'architecte Louis Duthoit. Ce sera le plus important chantier de reconstruction d'églises de la région. Dans ces parages, on croise dans les rangs de l'armée britannique une poignée de «*War poets*» parmi lesquels Siegfried Sassoon (1886-1967), Robert Graves (1895-1985) ou Wilfred Owen (1893-1918). Dans leurs notes, le nom d'Albert est souvent évoqué. Ce 19 juillet 1916, Sassoon écrit: «*Une soirée d'un calme parfait avec ses silhouettes fumeuses. Albert et ses grands arbres et les ruines de son clocher ressemblaient à un arbre géant de soldats.*» Avec son ami Robert Graves, il parcourt les villages dévastés de Fricourt et de Morlancourt et s'aventure dans le dangereux bois de Mametz. Dans *Good-bye to all that* (*Adieu à tout cela*), Graves raconte comment Sassoon, lancé seul à l'assaut du bois de Mametz, avait délogé les Allemands de leur position: «*Exploit inutile puisque qu'au lieu de demander des renforts à l'aide de signaux, il s'était assis dans la tranchée allemande et s'était mis à lire un recueil de poèmes qu'il avait emporté avec lui.*»

Robert Graves,
ADIEU À TOUT CELA, 1929

Quelques années plus tôt, pendant l'hiver 1914, le légionnaire Blaise Cendrars (1887-1961) s'était aussi aventuré dans cette zone. *La Main coupée*, rédigée trente ans plus tard, en 1946, abonde en personnages et situations insolites; en passant par Fricourt, on se souviendra de l'ingénieux Bikoff qui s'était embusqué dans le clocher de l'église en ruine, pour tirer sur les lignes allemandes. Au bois de La Vache, «*nom sinistre, sale coin*», Cendrars resta coincé soixante-deux jours dans «*un petit poste qui n'était séparé du petit poste allemand que par quelques sacs de terre*». Jean Cocteau (1889-1963), lui, n'a jamais eu l'âme d'un combattant. C'est pourtant sa silhouette fragile que l'on retrouve à Étinehem, «*le district des plaintes*» où il s'est engagé dans la Croix-Rouge. À l'emplacement de l'actuel cimetière militaire français se trouvait, sur le site de Macaves, l'hôpital le plus important du secteur de la Somme. Du 11 juin au 11 septembre 1916, plus de vingt-sept mille blessés y transiteront. Georges Duhamel (1884-1966), dans *Civilisation*, se souvient lui aussi de cet hôpital de fortune: «*Qu'est devenue la côte 80 désertée? L'hiver est arrivé, la ville des tentes a plié ses toiles ainsi qu'une flotte de voiliers qui doit appareiller pour de nouveaux destins. En rêve, souvent, je revois le plateau nu et l'immense cimetière échoué dans les labours brumeux, comme au fond des mers, les épaves d'un naufrage innombrable.*»

Blaise Cendrars,
LA MAIN COUPÉE, 1946
Georges Duhamel,
CIVILISATION, 1918

CYRIL JARTON

À NE PAS MANQUER

Jules Verne

À visiter
Maison Jules-Verne
et Centre de Documentation Jules-Verne
2, rue Charles Dubois, 80000 Amiens
Tél. 03 22 45 09 12
Se promener
«Sur les pas de Jules Verne»
Parcours littéraire sur les pas de Jules Verne organisé par l'office de tourisme d'Amiens, tél. 03 22 71 60 50.

Sous les orages d'acier

À visiter
Historial de la Grande Guerre
Château de Péronne, 80201 Péronne Cedex
Tél. 03 22 83 14 18
À visiter
Musée Henri-Barbusse
4, chemin Grueries, 60300 Aumont
Tél. 03 44 53 21 41

POITOU-CHARENTES

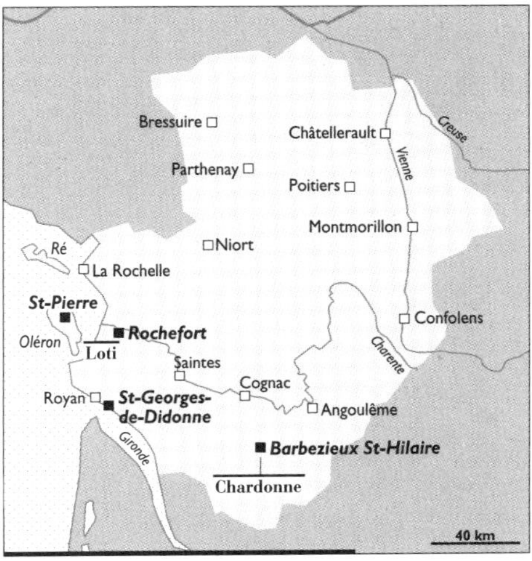

Pays de coteaux aux ciels changeants, aux fleuves lents. Jacques Chardonne, éleveur de cognac à Barbezieux, écrivit une œuvre qui enchanta François Mitterrand, natif il est vrai de Jarnac, mais aussi Paul Morand le voyageur, avec qui il échangea une gigantesque correspondance encore inédite. De ses voyages, le marin Pierre Loti rapporta tant de souvenirs qu'il put transformer son logis de Rochefort en mosquée turque, en pagode chinoise et en maison de thé japonaise.

Le dandy voyageur de Rochefort

Pierre Loti

Rochefort-sur-Mer, qui cache l'Océan avec un certain talent pour mieux en cultiver l'idée, est aujourd'hui revenu aux grands classiques qui ont fait sa renommée de cité édifiée par Colbert et fortifiée par Vauban : ce superbe ensemble XVIIe de l'Arsenal avec sa Corderie royale ; dégringolant jusqu'en bord de Charente, le Jardin des retours, théâtre de verdure exotique, ressuscitant les essences rapportées par les grands voyageurs ; les collections du musée de la Marine, situé dans l'hôtel des Cheusses, témoignant de la vie du grand port militaire : l'*Hermione*, enfin, cette frégate à bord de laquelle La Fayette s'en fut libérer l'Amérique et que l'on reconstruit, aujourd'hui, à l'identique dans la double forme de radoub.

Comme tant d'autres natifs de cette ville marqués de l'appel des lointains, le jeune Julien Viaud, alias Pierre Loti (1850-1923), a succombé au désir de l'ailleurs.

C'est à quelque trente-cinq kilomètres au sud de Rochefort, à Saint-Georges-de-Didonne, près de Royan, que l'enfant avait découvert la mer : *«Dès cette première entrevue, sans doute, j'avais l'insaisissable pressentiment qu'elle finirait un jour par me prendre, malgré toutes mes hésitations, malgré toutes les volontés qui essaieraient de me retenir...»* (*Le Roman d'un enfant*)

Loti a maintes fois raillé le provincialisme de sa cité huguenote à l'austère tracé. Mais l'officier de marine, écrivain voyageur, pèlerin de l'Extrême-Orient et des pays arabes, est néanmoins toujours revenu vers cette demeure rochefortaise, où il est né le 14 janvier 1850, qu'il a rachetée à sa mère, le 4 avril 1871. Peu à peu modifiée, associée, près de vingt-cinq ans plus tard, à l'habitation mitoyenne, cette maison est devenue, au fil des ans, un sanctuaire façon Des Esseintes, un puzzle d'exotisme anachronique, mêlant l'islam au gothique médiéval, l'Extrême-Orient à la Renaissance, le folklore charentais à l'art de l'ancienne Égypte... Un ensemble unique, insolite – la «mosquée» en est sans doute la pièce la plus impressionnante, dont une grande partie est accessible au public depuis 1969 (les visites sont

LE ROMAN D'UN ENFANT, 1890

guidées, mais, merveille ! le meneur de jeu est aussi passionnant que passionné).
La maison de Rochefort ne témoigne pas seulement des errances de la carte de Tendre de Pierre Loti, elle constitue également un précipité des goûts en engouements de cette seconde moitié du XIXe siècle, et dont Loti, dandy original mais non marginal, faisait profiter l'élite intellectuelle en organisant, dans leurs moindres raffinements, d'inoubliables fêtes costumées.
Mais la part secrète de l'écrivain s'est jouée à trente kilomètres de là, sur l'île d'Oléron (Oleron avant que l'administration des Postes ne lui impose un accent), d'où la branche maternelle est originaire, et où il séjourna à plusieurs reprises, surtout à Saint-Pierre, en visite chez ses trois vieilles tantes Leutier, ainsi qu'il en fera le récit dans *Le Roman d'un enfant*. «*Sans aucune beauté appréciable*», l'île n'en a pas moins exercé une fascination «élémentaire», qu'il décrira notamment dans *Fleurs d'ennui* : «*Des bois de pins où passe*

Pierre Loti en guerrier arabe dans le salon turc de sa maison de Rochefort.

le vent de la mer; des marais salants où, pendant les chaudes journées d'été, le sel soigneusement ramassé en petits tas, d'une blancheur de neige, répand une senteur particulière que les paysans appellent "odeur de violette" [...]. De grandes plages de sable, battues souvent et remuées par la houle d'ouest; sur les dunes, des tapis d'immortelles et d'œillets roses si odorants qu'ils envoient leur parfum jusqu'au large, aux navires qui passent. Des villages de pêcheurs aux maisonnettes toutes basses, comme blotties contre le sol par crainte des rafales qui soufflent de l'Océan; pauvres villages tout blancs de chaux comme des villages arabes, et nets, et propres, à ravir, avec des giroflées, des roses, des fleurettes poussant partout, parmi les pavés, blancs aussi, de leurs petites rues paisibles...»

Pierre Loti dans son jardin, à l'île d'Oléron.

L'écrivain rachètera la *«maison des aïeules»* en 1899, et c'est là qu'il désirera être inhumé, *«sous le lierre et les lauriers»*, au 19 de la rue qui porte désormais son nom. L'endroit ne se visite pas, selon le vœu même de Loti, mais on peut retrouver un peu de ses traces dans la salle qui lui est consacrée au musée municipal et surtout tout au long de cette *«grande île sablonneuse»* cernée par *«l'Océan, cette grande coulée d'argent pâle qui va vers l'infini»*.

VALÉRIE CADET

Le bonheur à Barbezieux

Jacques Chardonne

C'était l'un des écrivains favoris de François Mitterrand. Question d'affinité régionale sans doute: l'un comme l'autre sont restés attachés à leur province d'origine, la Charente. Le président de la République était originaire de Jarnac et l'écrivain de Barbezieux. Parti rejoindre à l'âge de dix-huit ans l'intelligentsia parisienne, Jacques Chardonne (1884-1968), de son vrai nom Jacques Boutelleau (son père appartenait à l'Union des propriétaires de vignobles), n'en a pas moins chanté Cognac et la capitale de la Petite Champagne, Barbezieux, «*cette petite ville de marchands où, en vérité, tout le monde était heureux autant qu'il est possible sur terre*» (*Le Bonheur de Barbezieux*).

Le Bonheur de Barbezieux, 1938

C'est pour lui le symbole de la mesure. Ici les contraires trouvent leurs résolutions. C'est la thèse qu'il soutiendra au début de la dernière guerre en développant la rencontre entre un propriétaire terrien, ancien combattant de la Grande Guerre, et un officier allemand de l'armée d'occupation. Cette philosophie rustique, scellée par une dégustation de vieux cognac, fit mettre Chardonne sur la liste noire des écrivains au lendemain de la Libération. Il s'en consola en s'inscrustant davantage dans son cher Barbezieux.

La cité, cernée de vergers et de prairies, a gardé, nous dit Chardonne, son authenticité comme sa sérénité. Et, tous les mardis, les villageois continuent de s'affairer sur l'esplanade des «Petits-Prés», où le spectacle du marché à la volaille s'offre à nos yeux. Au sortir de la place de l'église, on peut rejoindre la rue du Minage, qui rappelle la présence d'une vieille construction, dite «Minage», parce qu'on y mesurait le blé et le sel autrefois. Barbezieux, au fond, c'est la fusion de la campagne et de la ville, vieille utopie, avec des fleurs qui s'épanouissent dans les rues et sur les places: «*Pour moi, la campagne est en Charente, plus précisément sur une butte sablonneuse, près de Cognac. Là-bas, en ce moment, les jours sont dorés comme les feuilles; à travers les vapeurs matinales, blanches et transparentes, le ton des houx, des pins, des mousses a plus d'accent, la terre, des senteurs plus fortes; de*

Les bords de la Charente à Cognac.

secrètes germinations se préparent», écrira Jacques Chardonne à son ami Roger Nimier (*Lettres à Roger Nimier*). Cognac, Le Guéry, Fondebaud, Montchaude, Les Varais, tous ces lieux, avec l'ineffable Barbezieux, composent les limites de la Charente chardonnienne : «*La lumière de la Charente est limitée à un petit espace. Un peu plus loin, c'est un autre ciel et d'autres mœurs*», notera le romancier en 1938 dans *Le Bonheur de Barbezieux*. Avec son décor immuable, maisons bourgeoises et modestes hôtels particuliers, toits de tuiles creuses et d'ardoises et cet inlassable chant des oiseaux dans les arbres des cours et des jardins.

LETTRES À ROGER NIMIER, 1954

MARIE-LAURE ROINARD

À NE PAS MANQUER

Pierre Loti

À visiter

Maison Pierre-Loti
141, rue Pierre-Loti
17300 Rochefort-sur-Mer
Tél. 05 46 99 16 88

Jacques Chardonne

À voir

Maison natale de Jacques Chardonne
Rampe des mobiles
16300 Barbezieux-Saint-Hilaire

PROVENCE-ALPES-CÔTE D'AZUR

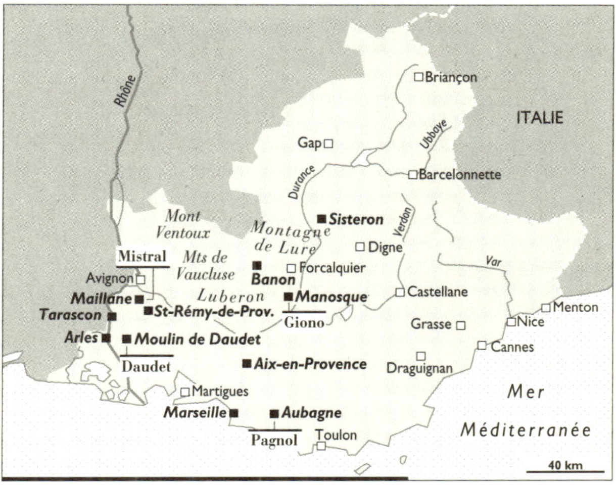

Il y a la Provence maritime, enjouée, qui sourit avec Alphonse Daudet et galèje avec Marcel Pagnol. Il y a la Provence des montagnes, rude, austère, sur laquelle règne Jean Giono. La marquise de Sévigné, Parisienne du Grand Siècle, venue rejoindre sa fille à Grignan, s'est étonnée de cette succession de climats «affreux» et de «douceurs délicates». C'est aussi un haut lieu du régionalisme avec Mistral et de l'écologie avant la lettre avec le même Giono.

Le vieux troubadour de Maillane

Frédéric Mistral

Poète et prophète de la langue d'oc, Frédéric Mistral (1830-1914) fut élevé au mas de Juge, sur la route de Saint-Rémy-de-Provence, non loin de Maillane, qu'il décrit dans la préface des *Isclo d'Or* (*Les Îles d'or*) comme étant un «*village du pays d'Arles, [...] situé au centre d'une vaste plaine barrée au midi par les Alpilles bleues*». De Maillane, où il s'installe après la mort de son père, il dirige l'école littéraire, le Félibrige, dont il est le fondateur et le principal animateur. Frédéric Mistral et son mouvement connurent la consécration au début du siècle. Le rénovateur de la langue occitane reçoit le prix Nobel en 1904. Il ne change en rien ses habitudes qu'Alphonse Daudet a notées vers 1866: «*Il n'y a qu'un Mistral au monde, celui que j'ai surpris dimanche dernier dans son village, le chaperon de feutre sur l'oreille, sans gilet, en jaquette, sa rouge taillole catalane autour des reins, l'œil allumé, le feu de l'inspiration aux pommettes, superbe avec un bon sourire, élégant comme un pâtre grec, et marchant à grand pas, les mains dans les poches, en faisant des vers*» (*Les Lettres de mon moulin*). Aussi jouit-il, auprès de ses concitoyens, d'une indéniable popularité.

LES ÎLES D'OR, 1875
MIREILLE, 1859

À Maillane, on peut encore voir sa maison maternelle, dite «du lézard», où il fit graver au-dessus du cadran solaire l'inscription suivante: «*Gai lézard, bois ton soleil, l'heure ne passe que trop vite, et demain il pleuvra peut-être...*» Là, Frédéric Mistral termine en 1859 *Miréio* (*Mireille*), son grand œuvre, commencé au mas de Juge, sept ans plus tôt. C'est un extrait du chant X de ce grand poème que le promeneur trouve inscrit sur le mur du cimetière de la ville de Maillane:

«Et le grand mot que l'homme oublie
le voici: la mort c'est la vie
et les simples et les bons et les doux, bienheureux...
à la faveur d'un vent subtil
au ciel, ils s'envoleront tranquilles.»

Le cheval de Frédéric Mistral au museon Arlaten, à Arles.

Dans le cimetière se trouve le mausolée que le poète se fit construire de son vivant, copie d'un pavillon Renaissance, situé aux Baux.

Mistral occupe, de 1876 à 1914, une maison faisant face à celle du lézard. Elle est aujourd'hui transformée en musée, restaurée en 1995 et décorée du mobilier provençal du poète : *«le canapé à carreaux jaunes, les deux fauteuils de paille, la Vénus sans bras et la Vénus d'Arles sur la cheminée, le portrait du poète par Hébert, sa photographie par Étienne Carjat, et, dans un coin, près de la fenêtre, le bureau – un pauvre petit bureau de receveur d'enregistrement –, tout chargé de vieux bouquins et de dictionnaire»* (Alphonse Daudet). C'est dans ce décor modeste qu'a vécu le *«restaurateur de la langue provençale»*, jugé trop conservateur par les animateurs du mouvement occitan, dans les années 1970, mais qui reprend aujourd'hui sa place.

FRÉDÉRIQUE NGUYEN HUU

Les ailes du moulin

Alphonse Daudet

Alphonse Daudet (1840-1897) a vu le jour dans le Languedoc, à Nîmes, mais il passa une enfance heureuse en Provence avant de quitter le soleil méridional pour l'austérité cévenole (Alès) puis Paris, décor de ses débuts littéraires et d'une vie sentimentale agitée. À Fontvieille, près d'Arles, l'écrivain venait se reposer de ses folies parisiennes : *«Braves gens, maison bénie ! Que de fois je suis venu là, me reprendre à la nature, me guérir de Paris et de ses fièvres.»* Alphonse Daudet s'installait ainsi régulièrement chez la famille Ambroy avec qui il entretenait une amitié sans nuages. C'est lors d'une de ces longues escapades qu'il découvrit, notamment, le petit moulin Saint-Pierre, dit «Moulin de Daudet». *«Un moulin à vent et à farine sis dans la vallée du Rhône, au plein cœur de la Provence, sur une côte boisée de pins et de chênes verts ; étant le dit moulin abandonné depuis plus de vingt années et hors d'état de moudre, comme il appert des vignes sauvages, mousses, romarins et autre verdures parasites qui lui grimpent jusqu'au bout des ailes.»* Il y écrira *Les Lettres de mon moulin* et y méditera son *Tartarin de Tarascon*, la partie la plus vivante de son œuvre avec les *Contes du lundi*. Le bâtiment est aujourd'hui encore très bien conservé, mécanisme compris. Il abrite un musée consacré à l'écrivain.

Un itinéraire, «La Promenade d'Alphonse Daudet», permet de continuer le pèlerinage à travers la région. En empruntant des chemins ombragés de pins et de chênes, on rejoint le Moulin Ramet et le Moulin Tissot. De là, on peut se rendre au château de Montauban, autre lieu de séjour de l'écrivain. L'apparition du château au milieu d'un paysage verdoyant n'est pas étrangère au lyrisme qui nourrit les pages du *Petit Chose*, son roman quasi autobiographique. Le parcours continue vers Tarascon, patrie de l'intrépide Tartarin qui *«habitait alors, à l'entrée de la ville, la troisième maison à main gauche sur le chemin d'Avignon»* – aujourd'hui, la ville a «inventé» une maison du célèbre chasseur de lion; on n'en attendait pas moins de la cité –, puis passe par Les Baux-de-Provence ainsi que par Saint-Rémy-de-Provence où le poète

LES LETTRES DE MON MOULIN, 1866
TARTARIN DE TARASCON, 1872
CONTES DU LUNDI, 1873
LE PETIT CHOSE, 1868

Le «Moulin de Daudet» à Fontvieille, vers 1880.

venait parfois à pied retrouver son ami Frédéric Mistral, qui résidait à Maillane. L'abbaye de Frigolet, au milieu des pins, rappelle le monastère du Père Gaucher des *Lettres de mon moulin*.
Il ne faut pas manquer non plus, en Arles, le museon Arlaten (musée ethnographique fondé par Frédéric Mistral) et le Musée camarguais qui nous donnent une idée assez précise de la vie provençale au milieu du XIXe siècle, à l'époque d'Alphonse Daudet.

MARIE-LAURE ROINARD

Manosque-des-plateaux

Jean Giono

«*La Provence que je décris est une Provence inventée...*», déclare Jean Giono (1895-1970) lors d'un entretien avec Jean Carrière. Or, même si cette région se trouve revisitée par l'imaginaire du romancier, les personnages de ses fictions suivent bien souvent des itinéraires précis qu'il élaborait, à grand renfort de cartes et de plans. Il en changera seulement l'échelle : les distances sont multipliées, la Durance prend des allures de Mississippi et les sommets de Haute Provence, des dimensions quasi tibétaines.
La géographie «gionienne» englobe dans leur ensemble les hautes terres provençales. «*De Manosque à Vachères [...], colline après colline, on monte d'un côté, on descend de l'autre, mais, à chaque fois, on descend un peu moins que ce qu'on a monté. Ainsi, peu à peu, la terre vous hausse sans faire semblant.*» Ce trajet dessiné dans l'incipit de *Regain* mène à ces espaces «*de hautes solitudes*» recherchés par l'auteur.

REGAIN, 1930
PRÉSENTATION DE PAN, 1928

Aussi prend-il pour toile de fond, dans la *Présentation de Pan*, une vue de Lure : «*Sous le lent déploiement du jour, Lure bombe sa maigre échine [...], c'est le désert. Le silence et la pureté des premiers jours enveloppent la montagne.*» La sensation de calme et d'apaisement qui se dégage de ces étendues méridionales, Giono, en 1935, décide de la partager avec quelques fidèles.
Le petit groupe part pour effectuer l'ascension de Lure et redescendre, ensuite, vers le vallée du Jabron. Première étape de cette randonnée : Contadour, à quelques kilomètres au

nord de Banon. Là, sous leurs yeux, se déploie «*un océan subitement solidifié, avec son écume devenue de l'herbe, ses forêts d'algues noires émergeant des flots et le vent qui siffle dans tous les cordages invisibles des vieux bateaux naufragés*». Mais, le soir même, Giono se luxe le genou, la promenade est annulée et les compagnons séjournent en ces lieux une dizaine de jours. De cette expérience découleront *Les Vraies Richesses* et *Les Cahiers du Contadour*, publiés jusqu'en 1939. Un écologisme avant la lettre, fortement teinté de pacifisme, prend ainsi forme.
À Contadour, on peut encore apercevoir le moulin de Giono et la ferme des Graves, bâtisses de pierres sèches surplombant ces étendues désertiques. Dans *Provence*, l'écrivain va même s'improviser guide. Il propose à ses lecteurs différents parcours. Il y trace des «*itinéraires de petite vitesse*» où il convient de «*s'arrêter tous les cent pas*». En sa compagnie, de Nyons à Manosque, le promeneur est invité à descendre «*dans le lit de l'Ouvèze*». Puis, il découvre, «*Touchant la route, un entrelacement des petits bras de ce torrent [qui] fait un peu Fontaine de Castalie...*». Ensuite, précise Giono, il lui faut continuer «*[...] lentement, en regardant attentivement autour de [lui] ; les sens en éveil pour ne pas manquer de jouir par exemple de l'odeur de ce vieux figuier, des reflets d'un poisson blanc, ou de l'aigre sifflement des aulnes que le vent secoue comme des fouets*». Et le guide de préciser que l'on «*peut voir ce spectacle en toute saison. Si c'est l'hiver, les peupliers seront comme des colonnes de marbre foudroyées, zébrées de fissures de haut en bas, les eaux rouleront épaule contre épaule dans leur couloir de roches [...]. Si c'est l'été, le charme de ces feuillages, le miroitement des trembles, un air d'Astrée et de Lignon, une réponse à des questions qu'on se pose tout le long de la vie vous donneront une exquise paix*».

LES VRAIES RICHESSES, 1936
LES CAHIERS DU CONTADOUR, 1936-1939
PROVENCE, 1939

Mais le point de départ de tous les cheminements de Giono, c'est Manosque intra-muros qu'il évoque, à plusieurs reprises, dans *Provence*. Son texte, daté de Noël 1952, et consacré à sa ville, se termine par ce conseil : «*Au travers de tout ce que vous allez voir dans Manosque, cherchez son âme, c'est un travail qui vous paiera.*» Or, l'âme de Manosque va semble-t-il de pair avec sa beauté que célèbre Giono dans ce passage rédigé douze ans plus tard : «*Certaines villes peuvent montrer d'orgueilleuses cathédrales, des remparts médiévaux ou des viscères de martyr. Manosque a sa beauté.»*

Manosque que l'on retrouve aussi au centre du cycle du *Hussard*. Les allées et venues d'Angelo (*Le Hussard sur le toit*) sur les toits de la ville se déroulent, en partie, dans le quartier habité par la famille Giono : «*Il eut vite fait le tour des toits sur lesquels il pouvait marcher. À l'ouest la place l'empêchait d'aller plus loin. À l'est, une rue assez large lui barrait le route.*» Dans cette rue, la grand-rue de Manosque, on retrouve au n° 2, la demeure de ses parents à leur arrivée dans la ville, puis, au n° 18, «*le petit appartement sombre*» que Giono habita après son mariage. Enfin, au n° 14, la maison où il passa son enfance. Celle-ci abritait au rez-de-chaussée l'atelier de sa mère et l'échoppe de son père au troisième étage : «*Notre maison était toute double ; elle avait deux voix et deux visages. Au rez-de-chaussée était l'atelier de repassage de ma mère*» ; «*Je me souviens de l'atelier de mon père. Je ne peux pas passer devant une échoppe de cordonnier sans croire que mon père est encore vivant, quelque part dans l'au-delà du monde, assis devant une table de fumée, avec son tablier bleu, son tranchet, ses ligneuls, ses alènes, en train de faire des souliers en cuir d'ange, pour quelque dieu à mille pieds*» (*Jean le Bleu*). La descente d'Angelo a lieu en terrain connu, au n° 5 de la rue du Mont-d'Or, dans la maison de Céline Rougon, marraine de Giono : «*Angelo était cramponné à la lucarne comme un prisonnier à la lucarne de sa prison.*»

LE HUSSARD SUR LE TOIT, 1951
JEAN LE BLEU, 1932

Giono restera toujours attaché à sa ville natale : «*Beauté difficile à définir, si elle subjugue néanmoins d'un coup. Tout ce qu'on trouve ici, cent villes de Provence le possèdent : lumière et soleil, patine des crépis et des argiles, oliviers gris, cyprès, collines rousses : le catalogue n'a rien d'exceptionnel. Ce qui l'est c'est l'ordre dans lequel ses éléments sont composés. Je ne connais pas d'endroit où l'architecture tellurique est plus noble.*» (*Provence*). Avec un penchant net pour la périphérie de la petite cité. «*Des quatre collines qui l'entourent, on ne sait pas quelle est la plus belle. [...] La colline d'Espel et celle de la Thomassine barrent la route au vent du nord ; c'est le mouvement même du ciel qui les a modelées.*» (*ibid.*)

Si l'univers physique de Giono se limite à ces paysages de la Haute Provence, cent fois parcourus, de Manosque à Banon en passant par Montjustin, Vachères et Redortiers, ces bourgs perdus dans la montagne prennent dans son œuvre une valeur universelle. «*Il n'y a pas de Provence*, écrivait Giono. *Qui l'aime aime le monde ou n'aime rien.*»

FRÉDÉRIQUE NGUYEN HUU

La gloire d'Aubagne

Marcel Pagnol

Marcel Pagnol, Vincent Scotto et Henri Poupon sur le tournage de *Jofroi*, 1933.

«Si *j'avais été peintre*, écrivait Marcel Pagnol (1895-1974), *je n'aurais fait que des portraits.*» Des portraits, il en a fait des dizaines, au théâtre, dans ses romans et au cinéma. Ceux dont on se souvient le plus ont le visage de Raimu, boulanger neurasthénique ou bistrotier tyrannique, de Fernandel, bossu amoureux ou rémouleur misogyne. Tous s'expriment avec un accent provençal. L'univers de Pagnol, né à Aubagne, gros faubourg de Marseille, ne va guère au-delà du Luberon.

D'Aubagne où il est né, en 1895, il se souvient uniquement d'une «*très haute fontaine sous les platanes du Cours*». Marseille, où la famille s'installe trois ans plus tard, occupe une place centrale dans ses souvenirs : *La Gloire de mon père* et *Le Château de ma mère* puis *Le Temps des secrets*. Les Pagnol (son père est instituteur) logent rue de la Terrasse dans «*un grand rez-de-chaussée, que complétait un sous-sol, éclairé, sur le derrière, par un petit jardin*». Comme tous les enfants, Marcel préfère, de loin, aux heures consacrées à l'étude, les promenades au parc Borély où l'on «*trouvait des allées ombragées par d'antiques platanes, des bosquets sauvages, des pelouses qui vous invitaient à vous rouler dans l'herbe, [...] et des étangs où naviguaient des flottilles de canards*». Ce petit garçon, chérit avant tout les jours de liberté passés hors des murs de la grande ville ; les «*plus beaux jours de [sa] vie*».

LA GLOIRE DE MON PÈRE, 1957
LE CHÂTEAU DE MA MÈRE, 1958
LE TEMPS DES SECRETS, 1960

«*C'est juste au bord d'un désert de garrigue, qui va d'Aubagne jusqu'à Aix*» que se trouve le lieu de villégiature des

Marseillais. «*La maison s'appelait La Bastide Neuve, mais elle était neuve depuis bien longtemps. [...] Devant le jardin, des champs de blé ou de seigle assez pauvrement cultivés, et bordés d'oliviers millénaires. Derrière la maison, les pinèdes formaient des îlots sombres dans l'immense garrigue, qui s'étendait, par monts, par vaux et par plateaux, jusqu'à la chaîne de Sainte-Victoire.*» Ce territoire aujourd'hui mité de «bastides» n'a pas perdu tout son charme. Il servira de cadre à son cycle de *L'Eau des collines* (*Jean de Florette* et *Manon des Sources*), film – sous le titre *Manon des Sources* (1952) – puis romans, reporté à l'écran par Claude Berry en 1986. Il y reviendra longuement dans *La Gloire de mon père* et *Le Château de ma mère*: «*Oui, c'était là. C'était bien le canal de mon enfance, avec ses aubépines, ses clématites, ses églantiers chargés de fleurs blanches, ses ronciers qui cachaient leurs griffes sous les grosses mûres grenues... [...] Je refis lentement le chemin des vacances, et de chères ombres marchaient près de moi.*»

L'Eau des collines :
Jean de Florette, 1964
Manon des sources, 1964

Frédérique Nguyen Huu

À ne pas manquer

Frédéric Mistral

À visiter
Musée Frédéric-Mistral
Avenue Lamartine, 13910 Maillane
Tél. 04 90 95 74 06 (mairie)

Alphonse Daudet

À visiter
Moulin Alphonse-Daudet
Allée des Pins, 13990 Fontvieille
Tél. 04 90 54 67 49 (office de tourisme)

Se promener
«Sur les traces d'Alphonse Daudet»
Promenade, pour les groupes uniquement, de Fontvieille au château de Montauban en passant par les moulins.
Rens. à l'office du tourisme de Fontvieille.

À visiter
Maison de Tartarin
55 bis, boulevard Itam, 13150 Tarascon
Tél. 04 90 91 05 08

À visiter
Museon Arlaten
29, rue République, 13200 Arles
Tél. 04 90 96 08 23
À visiter
Musée camarguais
Mas du Pont de Rousty, 13200 Arles
Tél. 04 90 97 10 82

Jean Giono

À visiter
Centre Jean-Giono
1, boulevard Elémir-Bourges, 04100 Manosque
Tél. 04 92 72 76 10
À visiter
Maison Jean-Giono - Le Paraïs
Montée des Vraies Richesses, 04100 Manosque
Tél. 04 92 87 73 03 (mar. et ven. de 14 h 30 à 17 h 30)
Visites uniquement sur rendez-vous.
Se promener
«Visite de Manosque sur les pas de Jean le Bleu»
Pour les groupes uniquement.
«Randonnées Littérature sur les pas de Jean Giono»
Promenades à pieds ou en car avec des pauses-lecture.
Destinations : le Contadour, Lurs, Ganagobie, Banon, Montalier, la montagne de Lure…
Rens. : Centre Jean-Giono.

Marcel Pagnol

À visiter
Le petit monde de Pagnol
Esplanade de Gaulle, 13400 Aubagne
Tél. 04 42 84 10 22
Diorama retraçant l'œuvre de Marcel Pagnol en santons.
Se promener
«Sur les traces de Marcel Pagnol»
- Circuit pédestre à Aubagne et dans les collines (sf 1er juil.-15 sept.) à l'aide d'un dépliant.
- Circuit guidé, pour les groupes uniquement, sur les lieux de tournages des films de Pagnol et sur les véritables lieux de ses souvenirs d'enfance. Rens. à l'office de tourisme d'Aubagne : tél. 04 42 03 49 98
À visiter
Musée Provençal du cinéma
64, rue Joliette, 13002 Marseille
Tél. 04 91 90 24 54

RHÔNE-ALPES

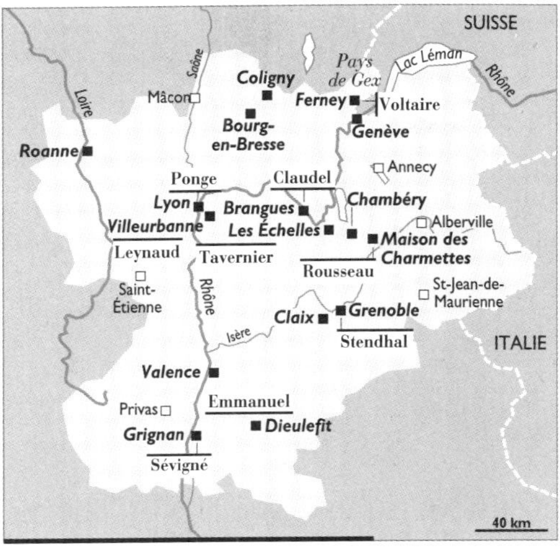

Lyon fut la capitale des Gaules. Elle redevint un ersatz de capitale aux jours sombres de la France occupée. Combien d'écrivains se sont alors retrouvés dans les bistrots des traboules ? C'est ici qu'ont été éditées parmi les premières revues clandestines. Du côté des Alpes, changement de décor. Stendhal fuit Grenoble qu'il déteste. Rousseau coule des jours tranquilles aux Charmettes avec sa chère Mme de Warens. Voltaire règne sur Ferney et Claudel, priant et bougonnant, achève sa carrière diplomatico-littéraire dans son château de Brangue.

Un château grand comme une ville

Marie de Rabutin-Chantal, marquise de Sévigné

«*C'est une ville que le château de Grignan*», écrit la marquise de Sévigné (1626-1696) à son cousin Coulange. L'énorme masse du château domine toujours le village du même nom. Le visiteur y est aujourd'hui accueilli par une marquise de Sévigné omniprésente. Pourtant, la célèbre épistolière n'y fit que trois séjours, assez longs il est vrai, en 1672, 1690 et 1694. Elle venait y rejoindre Françoise-Marguerite, sa fille bien-aimée, épouse du comte de Grignan, lieutenant-général de Provence.

Le château déploie d'un côté une facade Renaissance et, de l'autre, une large terrasse qui domine un vaste panorama montagneux des Alpilles au mont Ventoux. «*Toutes vos vues sont admirables*, écrit-elle à sa fille. *J'aime fort tous ces amphithéâtres, et je suis persuadée comme vous, que si jamais le Ciel a quelques curiosités pour nos spectacles, ses habitants ne choisiront point d'autre lieu que celui-là pour les voir commodément.*» Si le panorama emporte d'emblée ses suffrages, le bâtiment met longtemps à lever ses réticences. En 1672, lors de son premier séjour, la terrasse n'était pas de son goût: «*Faites-vous point rétablir votre terrasse? Cette ruine me déplaît et vous ôte votre unique promenade.*»

Plus tard, dans une lettre du 9 septembre 1694 à son cousin Coulange, elle vantera les aménagements réalisés au château: «*Ce vilain degré où l'on montait dans la seconde cour, à la honte des Adhémar, est entièrement renversé et fait place au plus agréable qu'on puisse imaginer; [...] Le vestibule est beau, et l'on y peut manger fort à son aise. [...] On y monte par un grand perron. Les armes des Grignan sont sur la porte [...].*» Elle répétera ces compliments à maintes reprises: le bâtiment «*est très beau et très magnifique; on y fait bonne chère et on y voit mille gens*». Habituée à la douceur bretonne et au ciel parisien, la sécheresse du climat et la violence de l'hiver la frappent finalement beaucoup plus que la qualité de l'architecture: «*Nous avons cent fois plus froid ici qu'à Paris; nous sommes exposés à tous les vents: c'est le vent du midi, c'est la bise, c'est le diable, c'est à qui nous insultera; ils se battent entre eux pour avoir l'honneur de nous enfermer dans*

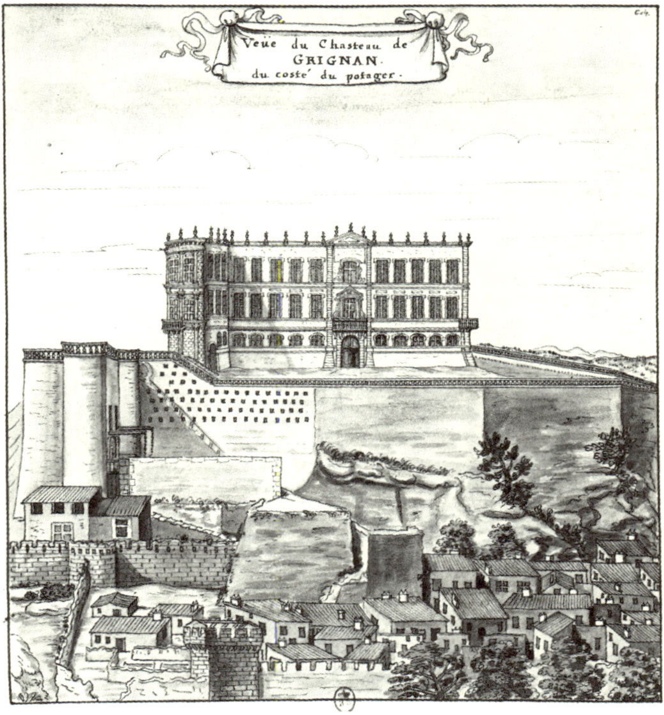

Vue du château de Grignan, dessin du XVIIe siècle.

nos chambres ; toutes nos rivières sont prises ; le Rhône, ce Rhône si furieux, n'y résiste pas.» À un autre moment, elle s'étonne, à l'inverse, des prairies qui dépérissent «*faute d'une goutte de rosée*». Pourtant, elle reconnaît : «*Nos montagnes sont charmantes dans leur excès d'horreur ; je souhaite tous les jours un peintre pour représenter l'étendue de toutes ces épouvantables beautés.*»

C'est à Grignan que Mme de Sévigné meurt, le 17 avril 1796, auprès de sa fille. Elle sera inhumée à l'église Saint-Sauveur où les visiteurs pourront notamment contempler la grande rosace ainsi que le retable du XVIIe siècle de cette bâtisse du XVIe siècle qui autrefois communiquait avec le château. Ce dernier, en grande partie détruit au moment de la Révolution, a été entièrement reconstruit au début du siècle. Il est aujourd'hui, propriété du département, et le conseil général de la Drôme a entrepris de le redécorer entièrement. On peut donc y voir une vraie-fausse chambre de Mme de Sévigné, le salon dit de la Reine sans oublier la grande galerie des Adhémar.

FRÉDÉRIQUE NGUYEN HUU

Un bienheureux aux Charmettes

Jean-Jacques Rousseau

«Après avoir un peu cherché nous nous fixâmes aux Charmettes, une terre de M. de Conzié à la porte de Chambéry, mais retirée et solitaire comme si l'on était à cent lieues. Entre deux coteaux assez élevés est un petit vallon nord et sud au fond duquel coule une rigole entre des cailloux et des arbres. Le long de ce vallon à mi-côte sont quelques maisons éparses fort agréables pour quiconque aime un asile un peu sauvage et retiré.» (*Les Confessions*)

Jean-Jacques Rousseau (1712-1778) naît et passe sa jeunesse à Genève jusqu'à l'âge de seize ans lorsqu'il fuit la Suisse et son père pour Annecy. C'est dans cette ville qu'il fera la rencontre – le 21 mars 1728 – de celle qu'il ne nommera plus que «Maman», Mme de Warens.

Ils s'installent ensemble à partir de 1736 dans la vallée des Charmettes, aux portes de Chambéry. La maison des Charmettes, de taille moyenne, se trouve dans un vallon. Il décrit ce havre dans ses *Confessions* : *«Au devant était un jardin en terrasse, une vigne en dessus, un verger en dessous, vis-à-vis un petit bois de châtaigners, une fontaine à portée, plus haut dans la montagne des prés pour l'entretien du bétail...»* C'est le bonheur pour Jean-Jacques qui a erré pendant des années, partageant son temps entre Annecy, Turin, Fribourg et Genève, sans le sou, tour à tour employé au cadastre, copieur de musique ou répétiteur de musique pour les rejetons de la bourgeoisie de Chambéry, voire laquais. Rousseau aspire au calme et au repos. Il ne remerciera jamais assez sa bonne Maman de lui avoir permis de s'installer dans ce lieu béni : *«Ô Maman ! dis-je à cette chère amie en l'embrassant et l'inondant de larmes d'attendrissement et de joie : ce séjour est celui du bonheur et de l'innocence. Si nous ne les trouvons pas ici l'un avec l'autre, il ne faut les chercher nulle part.»*

LES CONFESSIONS, 1782-1789

Aux côtés de sa protectrice, il s'adonne aux joies simples, fait des promenades dans les bois, cueille des fruits et travaille la terre : *«Ici commence le court bonheur de ma vie. Je me levais avec le soleil et j'étais heureux ; je me promenais et j'étais heureux, je voyais Maman et j'étais heureux [...], je parcou-*

rais les bois, les coteaux, j'errais dans les vallons, je lisais, j'étais oisif, je travaillais au jardin, je cueillais les fruits, j'aidais au ménage et le bonheur me suivait partout ; il n'était dans aucune chose assignable, il était tout en moi-même, il ne pouvait me quitter un seul instant.» Il emploie également son temps à l'étude : lecture de philosophes – Locke, Leibniz, Malebranche et Descartes –, géométrie, algèbre, latin mais aussi histoire, géographie, chronologie et astronomie. Rousseau veut rattraper le temps perdu et apprendre : «*Ne rien savoir à près de vingt-cinq ans et vouloir tout apprendre, c'est s'engager à bien mettre le temps à profit.*»
Entre 1736 et 1740, il reste aux Charmettes, effectuant peu de déplacements, mis à part à Nyon, Genève, Lyon ou Grenoble où il est le chargé de commissions de Mme de Warens, alors agent secret du roi de Sardaigne. En 1739, seul aux Charmettes, il écrit beaucoup dont *Mémoires pour répéter l'héritage de son frère*, *Mémoire à Mgr le gouverneur de Savoie*, le poème *Le Verger des Charmettes*, ainsi qu'un opéra-tragédie, *Iphis et Anaxarète*. Il fait sa promenade quotidienne et profite du magnifique paysage : «*Je me levais tous les matins avant le soleil. Je montais par un verger voisin dans un très joli chemin qui était au-dessus de la vigne et suivait la côte jusqu'à Chambéry.*» Rousseau et sa bonne Maman ne vivaient aux Charmettes qu'entre le printemps et l'hiver et s'en retournaient à Chambéry non sans regrets :

Jean-Jacques Rousseau aux Charmettes.

«Nous vîmes arriver l'hiver avec grand regret et nous retournâmes à la ville comme nous serions retournés en exil. Moi surtout qui doutant de revoir le printemps croyais dire adieu pour toujours aux Charmettes. Je ne les quittais pas sans baiser la terre et les arbres, et sans me retourner plusieurs fois en m'en éloignant.»
Pourtant, au début de 1740, par l'intermédiaire d'une amie de Grenoble, Mme d'Eybens, sa chère Maman lui déniche une place de précepteur à Lyon, chez le puissant prévôt général du Lyonnais, Jean Bonnot de Mably. Le 1er mai, Rousseau prend ses quartiers dans l'hôtel Mably, situé rue Saint-Dominique, près de Bellecour, au centre de Lyon. Il s'en revient à Chambéry et aux Charmettes – 1741-1742 –, de santé encore plus mauvaise que d'ordinaire. Il s'aperçoit vite que sa «chère Maman» n'a pas été insensible aux charmes d'un remplaçant. Il part alors pour Paris le 10 juillet 1742, après avoir vendu sa bibiothèque. Ainsi prend fin l'époque la plus heureuse de la vie de Jean-Jacques, celle où il rendait visite aux pigeons *«ses amis»*, loin du tumulte et de la vie mondaine de la capitale.

SANDRINE AZOULAY

Cultiver son jardin à Ferney

François-Marie Arouet dit Voltaire

Voltaire (1694-1778), contesté et bientôt poursuivi à Paris, cherche un refuge à proximité d'une frontière accueillante. Après la publication de ses *Lettres philosophiques*, il trouve d'abord un abri au château de Cirey (1734-1749). De la Lorraine, il gagne Berlin (1750-1754). Court répit : son *Histoire du docteur Akakia et du natif de Saint-Malo* (novembre 1752) suscite de virulentes réactions. Maupertuis, alors président de l'Académie de Berlin, se reconnaît dans le natif de Saint-Malo, sorte de fou soigné par le docteur Akakia. Le roi de Prusse s'émeut, le libelle est brûlé dans les rues de Berlin. Voltaire file à Genève où il arrive le 12 décembre 1754. Deux mois plus tard, il y fait l'acquisition de la propriété des Délices. Le philosophe s'enracine dans la région – un carrefour très pratique. Le 11 décembre 1758, il obtient un bail à vie de la seigneurie de

LETTRES PHILOSOPHIQUES, 1734
HISTOIRE DU DOCTEUR AKAKIA ET DU NATIF DE SAINT-MALO, 1752

Tourney; l'année d'après il devient maître de la terre de Ferney. C'est là qu'il pose définitivement son sac.
L'auteur de *Candide* est alors âgé de soixante-quatre ans et ne quittera le château que peu de temps avant sa mort, en 1778: «*J'ai trois ports contre tous les naufrages, c'est là que je plains les folies barbares de ceux qui s'égorgent pour des rois, je ris de la folie ridicule des courtisans et du changement continuel de scènes dans une très mauvaise pièce.*» (*Lettre à Madame de Lutzelbourg*)
Ferney se situe dans le pays de Gex, au pied du Mont-Jura. Il s'ouvre à l'est sur le lac Léman et au-delà sur les hauts sommets des Alpes de Savoie: «*C'est un vallon terminé en face par la ville de Genève qui s'élève en amphithéâtre. Le Rhône sort en cascade de la ville pour se joindre à la rivière d'Arve qui descend à gauche entre les arbres [...]; tout l'horizon terminé par des collines qui vont se joindre à des montagnes couvertes de glaces éternelles éloignées de vingt-cinq lieues et tout le territoire de Genève semé de maisons de plaisance et de jardins.*» (*Lettre à Claude Watelet*) À environ six kilomètres de Genève, le pays de Gex est une zone frontalière tiraillée entre quatre puissances: la France, la Savoie, Genève et Berne. Une situation géographique idéale pour éviter la censure.

CANDIDE, 1759
LETTRE À MADAME DE LUTZELBOURG, 1759
LETTRE À CLAUDE WATELET, 1760

Aussi, Voltaire, après avoir fait l'acquisition de ces trois propriétés, entreprend-il de gigantesques et coûteux travaux. En 1760, les Délices disposent de quinze pièces de plain-pied et d'une immense terrasse. Entre Ferney et Tourney, il achète un domaine qui joint les deux terres afin de se constituer une seule et vaste propriété.
Le château de Ferney, compte tenu de son délabrement, est à reconstruire. Les travaux extérieurs sont achevés au début de l'automne 1759, et l'aménagement intérieur en 1761.
L'entrée se fait par une cour, avec, à gauche, l'église et le théâtre. On pénètre alors dans le vestibule par une porte à double battant qui donne sur une antichambre où Voltaire

Le château et l'église de Ferney.

fait patienter ses visiteurs. Ensuite, salons, *«cabinet des tableaux et du billard»*, salle à manger, chambres se succèdent. Le propriétaire aime se promener sur la terrasse dans *«l'allée des Charmilles»*.

Ferney est terre du roi de France dépendant des États de Bourgogne. Mais Voltaire, en s'y installant, souhaite conserver, en tant que maître de deux seigneuries, ses anciens privilèges nobles afin de bénéficier de la justice seigneuriale. Le philosophe rend donc la justice à Ferney. Il contribue également à l'essor de l'artisanat et de l'agriculture en apportant de l'aide aux laboureurs. Il agrandit le village qui compte sept mille habitants, bâtit des maisons et crée des manufactures.

En 1760, il entreprend la reconstruction de l'église : *«Oui, je bâtis une église. Annoncez cette nouvelle consolante aux enfants d'Israël, que tous les saints s'en réjouissent. Les méchants diront sans doute que je bâtis cette église dans ma paroisse pour faire jeter à bas celle qui me cachait un beau paysage, et pour avoir une grande avenue. Mais je laisse dire les impies, et je fais mon salut.»* (*Lettre à Thiriot*)

Voltaire ne tiendra pas compte de l'ordonnance de l'État genevois – daté de 1617 – interdisant toute représentation théâtrale. Il contourne alors cette ordonnance en créant son propre théâtre sur ses terres, entre le château et l'église. Il peut contenir environ trois cents spectateurs. Voltaire y est à la fois directeur, auteur, acteur et metteur en scène.

LETTRE À THIRIOT, 1760

En mars 1768, il chasse sa bruyante nièce Mme Denis et reste seul à Ferney, refusant désormais de recevoir et d'organiser les somptueuses soirées avec carrosses, banquets et feux d'artifice. C'est pour Voltaire une période de calme et de réflexion pendant laquelle il écrit beaucoup: *Le Dîner du comte de Boulainvilliers*, *La Profession de foi des théistes*, *La Relation du bannissement des jésuites de la Chine*, *Discours aux Confédérés catholiques de Kaminieck en Pologne*. Des écrits fortement critiques à l'égard des religions, du catholicisme et du judaïsme, en particulier. Ce qui ne l'empêche pas de se préoccuper de sciences naturelles – *Des Singularités de la Nature* –, de théâtre – *Les Guèbres* notamment – et de poésie – *Les Trois Empereurs en Sorbonne*. Jusqu'à la mort du philosophe, Ferney restera une oasis de liberté, un lieu où souffle l'esprit. Il en est resté un symbole.

LE DINER DU COMTE DE BOULAINVILLIERS, 1767
LA PROFESSION DE FOI DES THÉISTES, 1768
LA RELATION DU BANNISSEMENT DES JÉSUITES DE LA CHINE, 1768
DISCOURS AUX CONFÉDÉRÉS CATHOLIQUES DE KAMINIECK EN POLOGNE, 1768
DES SINGULARITÉS DE LA NATURE, 1768
LES GUÈBRES, 1768
LES TROIS EMPEREURS EN SORBONNE, 1768

SANDRINE AZOULAY

Grenoble, honnie et regrettée

Henry Beyle, dit Stendhal

«*Je me suis assis sur les marches de San Pietro et là j'ai rêvé une heure ou deux à cette idée : je vais avoir cinquante ans, il serait bien temps de me connaître.*» Sa *Vie de Henry Brulard* est l'occasion pour Stendhal (1783-1842) de revenir sur son passé, l'occasion de replonger dans Grenoble à la veille de la Révolution. Un événement que l'écrivain va vivre ici jusqu'en 1796, date à laquelle il quitte la ville.

Les bruits du tumulte qui agite l'époque ne lui parviennent qu'atténués. Le jeune Beyle – qui ne sera Stendhal que beaucoup plus tard – est pour l'heure cloîtré avec sa famille, qu'il déteste dans l'ensemble. «*Sévèrement séparé de tout être de mon âge, ne vivant qu'avec des vieux...*», le souvenir de Grenoble est plutôt sombre. Il éprouve pour cette ville «*une horreur peu raisonnable*». Les rares excursions du jeune homme sont ressenties comme des moments intenses de bonheur et lui font oublier

VIE DE HENRY BRULARD, 1836 (publié en 1890)

son père, le maître de latin, la triste maison Gagnon de Grenoble, et «*la bien autrement triste maison de la rue des Vieux-Jésuites*» où il est né en 1783. Ainsi ses sorties chez sa tante Poncet, aux Échelles, un petit bourg savoyard au pied de la Chartreuse, sont vécues comme un «*séjour dans le ciel, tout y fut ravissant pour moi. Le bruit du Guiers, torrent qui passait à deux cents pas devant les fenêtres de mon oncle, devint un son sacré pour moi, et qui sur-le-champ me transportait dans le ciel. [...] Tout ce qui était si terrible et si puissant à Grenoble est masqué aux Échelles*».

La Maison de Furonnières, à Claix,
de P. Dubreuil.

Reste son grand-père avec lequel le jeune Beyle passe de trop courts instants sur la terrasse-refuge encore visible aujourd'hui et qu'on appelle communément «la treille de Stendhal». Construite sur les anciennes fortifications de la ville, au fond du Jardin de Ville, à droite quand on vient de la rue de Montorge. Là, il contemple le coucher du soleil dans les longues soirée d'été, il apprécie la vue «*magnifique*» sur la montagne de Sassenage. Le Jardin de Ville – une roseraie – est inaccessible, sauf quand il parvient à s'esquiver en secret: «*En général je disais en riant que j'étais allé chercher ma tante [...] je redescendais en courant pour aller passer une demi-heure à la promenade du Jard*in de Ville.» Le musée Stendhal, 1, rue Hector-Berlioz, donne actuellement sur ce jardin.

Une fois admis à l'École centrale de Grenoble, l'étau familial se desserre. Le futur Stendhal profite davantage de la vallée de l'Isère: «*Quels beaux groupes d'arbres, quelle végétation vigoureuse et luxuriante dans la plaine, quels jolis bois de châtaigniers sur les coteaux et au-dessus, quel grand caractère impriment à tout cela les neiges éternelles de Taillefer! Quelle basse sublime à cette belle mélodie!*» Il part en randonnée avec son ami François Bigillion «*vers la tour de Rabot et la Bastille. La vue magnifique dont on jouit de là, surtout vers Eybens derrière lequel s'élèvent les plus hautes Alpes, élevait notre âme*». Ou prend le chemin du domaine familiale de Claix (au sud de Grenoble). Dans le petit bois de Doyatières et dans les broussailles du chemin des Îlots,

le long du Drac, il s'adonne au plaisir de la chasse : *«J'eus le délicieux plaisir de tuer un tourdre (une grive), dans le sentier de la vigne au-dessus de la Grande Pièce, en face du sommet arrondi et blanc de la montagne Taillefer. Ce fut un des bonheurs les plus vifs de ma vie.»*
À seize ans et demi, il «monte» à Paris et se plaint du manque de relief de l'Île-de-France : *«N'avoir pas de montagnes perdent absolument Paris [...].»* Les arbres taillés dans les jardins de la capitale ne trouvent pas grâce à ses yeux. Va-t-il jusqu'à regretter sa ville natale ? *«J'étais, sans m'en rendre raison, extrêmement sensible à la beauté des paysages. Comme mon père et Séraphie* [sa tante Gagnon, détestée] *vantaient beaucoup les beautés de la nature en véritables hypocrites qu'ils étaient, je croyais avoir la nature en horreur.»* Mais le grand éblouissement de sa vie sera l'Italie qu'il découvre en 1800 à la suite des armées de Bonaparte. Le Dauphiné est oublié.

ANNE ROUTIN

Brangues ou le repos de Claudel

Paul Claudel

En 1927, Paul Claudel (1868-1955) achète *«le beau château de Brangues appartenant à M. de Virieu, style Louis XIII, près du Rhône, dans l'Isère, arrondissement de La Tour du Pin»*. Il en note soigneusement dans son *Journal*, le prix d'achat : *«260 000 francs plus 59 000 francs de meubles.»* Lorsque prend fin sa carrière diplomatique, en 1935, c'est dans «cette grande carcasse de château», aux confins du Dauphiné, qu'il passe une grande partie de l'année.

Claudel avait fait de sa demeure une maison de famille – *«la grosse maison bourgeoise bien chaude et toute pleine de bonne odeur de nourriture»* –, mais aussi un lieu de travail et d'observation de la nature. *«L'œil à l'écoute»*, il goûte tout autant la vue qui s'offre à lui *«entre le château et le portail, la pelouse forme une*

Le Château de Brangues, aquarelle de Gabriel Perrin, 1929.

espèce d'horizon en miniature [...]», que des points de vue montagneux plus vastes, découverts au gré de ses déplacements. C'est en feuilletant son journal qu'il nous est aujourd'hui possible de partager ses impressions. Sillonnant cette région, au fil des pages et des jours, le mont Blanc apparaît au poète «*derrière Belley et ses cinq ou six pans de montagnes successifs [...] comme un énorme lion dans l'azur*». Plus au nord, le Rhône est en majesté: «*À partir d'Ambérieu, splendeur. Toute la magnificence du mois de juin. Au milieu de ce paradis, le Rhône glacé et rapide. Au fond, les montagnes de la Maurienne couvertes de neige.*» Vers le sud, près de Chambéry, il découvre «*l'énorme masse carrée du Granier comme un temple fabuleux, comme une citadelle cyclopéenne [...]*» ou «*ce site étrange au-dessus de Grenoble, que j'ai été l'autre jour visiter et que l'on appelle Saint-Hilaire-du-Touvet*».

Journal I, 1968
Journal II, 1969

Après la dernière guerre, ses séjours en Isère se font de plus en plus longs: «*Il n'y a plus de temps à Brangues, comme dans l'Apocalypse. À l'église du village l'horloge s'est arrêtée à 4 heures moins le quart, on ne nous dit pas de quel siècle...*» L'écrivain, comblé d'honneurs, «*plus riche que Turelure et plus décoré que Goering*», écrivait méchamment Bernanos, meurt en 1955. Il repose, à présent, dans le parc du château, au cœur de ce décor dont les vues abruptes lui inspiraient des évocations confinant souvent au fantastique: «*L'écran des*

montagnes bleu foncé. Au-dessous la vallée du Rhône ensoleillée, blonde, lumineuse, transparente. Les fuseaux des peupliers qui ont l'air de leurs propres fantômes. Une abstraction d'arbres. Les grands chênes épanouis en bouquets tortueux, explosant en foudre. Neige sur les sommets.»
La propriété des bords de Rhône, «*fleuve glauque couleur feuille de saule*», ouvre chaque année, en juillet, ses portes aux visiteurs à l'occasion des Journées claudéliennes.

FRÉDÉRIQUE NGUYEN HUU

Lyon, quartier libre

«*Aujourd'hui, remontant la vie à contre-courant, je demande à Lyon d'être un refuge, un Hôtel-Dieu où se faire panser, un bivouac dans le siècle en désordre...*», écrivait Paul Morand. Après la défaite de 1940, Lyon devint, en effet, la ville d'accueil, capitale d'une zone dite libre où, malgré le zèle de la censure vichyste, la presse parisienne repliée put se donner encore un temps l'illusion de l'indépendance. Les journalistes s'installèrent tant bien que mal. André Billy logeait place des Terraux, Alexandre Arnaux près de Saint-Nizier. La société des exilés avait fondé un lieu convivial de

Rotative à Lyon, 1941.

rencontres, rue de la Poulaillerie, dans les locaux qui abritent maintenant le musée de l'Imprimerie.
Cette maison de la presse, où l'on partageait le rutabaga quotidien arrosé de beaujolais, s'organisa très vite en une étrange confraternité. On y croisait des «notoriétés», comme Émile Henriot, Vladimir d'Ormesson, Louis-Gabriel Robinet, des hommes plus jeunes, comme Kléber Haedens ou Michel Déon. Ceux du *Temps*, du *Figaro* voisinaient, non sans tension, avec les servants de *L'Action française*, Henri Béraud, qui descendait de Saint-Didier-au-Mont-d'Or, lançait d'une voix provocatrice l'anathème contre Londres. Son anglophobie viscérale enflammait les discussions, qui parfois tournaient à l'aigre, la majorité étant plutôt orientée vers ce qui deviendrait l'esprit de Résistance.
Des poètes essaimèrent autour de Lyon selon les possibilités de survie. Pierre Emmanuel, l'insoumis, s'enracina pour quatre ans dans la Drôme, à Dieulefit, *«cet admirable village français dont le nom est à lui seul une promesse et qui fut, dans l'extrême division des consciences, une image de l'unité de la patrie»*. Francis Ponge, après un court séjour à Lyon, se retrouva à Roanne, où il écrivit ses *Souvenirs interrompus*. Grâce à l'intervention de Pascal Pia auprès des Brémond, propriétaires du *Progrès de Lyon*, il fut chargé de revigorer la chronique roannaise par de courts billets.

Francis Ponge en 1954.

Le jeune journaliste et poète lyonnais René Leynaud fut l'ami d'Albert Camus, qui le rencontrait dans une petite chambre de la rue Vieille-Monnaie. Leur dernière entrevue eut lieu à Paris, au printemps 1944. Peu après, René Leynaud, chef régional du mouvement Combat, était arrêté par la Milice et fusillé.
Deux aventures littéraires exemplaires naquirent à Lyon dans les temps difficiles : celles des revues *L'Arbalète* et *Confluences*, qui incarnaient toutes deux la liberté de l'esprit. Le numéro d'origine de *L'Arbalète* parut en mai 1940. Marc Barbezat, qui deviendra bientôt l'éditeur de Jean Genet, imprima d'abord sa revue à la presse à bras dans l'appartement de ses

Francis Ponge, *SOUVENIRS INTERROMPUS*, 1979

parents à Lyon, 8, rue Godefroy, avant de confier cette tâche à l'imprimerie Audin, rue Davout (aujourd'hui rue Audin). C'est en juillet 1941 que sortit le premier numéro de *Confluences*, la revue à laquelle René Tavernier allait conférer l'éclat d'une résistance intellectuelle sans faille. La censure ne s'y trompa pas, qui suspendit *Confluences* pour deux mois après la publication d'un numéro où figuraient un poème d'Aragon et un texte de Gertrude Stein (celle-ci résidait dans l'Ain). La villa de Tavernier, située dans l'Est lyonnais, à Montchat, rue Chambovet, fut un foyer d'activité littéraire et d'action clandestine. Louis Aragon et Elsa Triolet y logèrent pendant six mois à partir de janvier 1943. Ils y préparèrent la constitution du Comité national des écrivains, zone sud. René Tavernier, poète et romancier, devait participer les armes à la main à la libération de Villeurbanne. La villa de Montchat a disparu. Son parc a été transformé en espace public. Une plaque rappelle les beaux combats qui y furent menés.

JEAN-JACQUES LERRANT

À NE PAS MANQUER

À lire

Le Voyage singulier, regards d'écrivains sur le patrimoine de Genève et de Rhône-Alpes, présentés par Corinne Walker et Jean-Jacques Lerrant, avec des textes de Claude Delarue, Michel Butor, Charles Juliet, Jean Starobinski, Patrice Béghain..., Zoé - Paroles d'Aube, 1996

Madame de Sévigné

À visiter

Château de Grignan, 26230 Grignan
Tél. 04 75 46 51 56

Jean-Jacques Rousseau

À visiter

Maison de Jean-Jacques Rousseau
Les Charmettes, 73000 Chambéry
Tél. 04 79 33 39 44

Voltaire

À visiter

Château de Ferney
01210 Ferney-Voltaire
Tél. 04 50 40 71 21 (mairie)

Stendhal

À visiter
Maison Stendhal
20, Grande-rue
38000 Grenoble
Tél. 04 76 42 02 62

À visiter
Musée Stendhal
1, rue Hector-Berlioz
38000 Grenoble
Tél. 04 76 54 44 14

Se promener
«La Route Historique Stendhal»
Parcours stendhalien à Grenoble et dans ses environs à l'aide d'un dépliant disponible dans les offices de tourisme de la région (Grenoble, tél. 04 76 42 41 41).

Paul Claudel

À visiter
Château de Brangues
Le Château
38510 Brangues
Tél. 04 74 80 07 52

Lyon, quartier libre

À visiter
Centre d'Histoire
de la Résistance et de la Déportation
14, avenue Berthelot
69007 Lyon
Tél. 04 72 73 33 54

BIBLIOGRAPHIE

Alsace

◆ **Erckmann-Chatrian**, *L'Ami Fritz*, illustré par André Wenger, Edito, Strasbourg, 1996 ; *L'Invasion ou le Fou Yegof*, J.-J. Pauvert, 1988 ; *Histoire d'un conscrit de 1813*, J.-J. Pauvert, 1987 ; *Madame Thérèse*, J.-J. Pauvert, 1988 ; *Le Juif polonais*, J.-J. Pauvert, 1988.

Aquitaine

◆ **Jammes** Francis, *De l'Angélus de l'aube à l'Angélus du soir*, Poésie/Gallimard, 1971 ; «Ma France poétique», «Almaïde d'Étremont», «Le Quatrième livre des quatrains», in *Œuvre poétique complète*, J & D, Biarritz, 1995 ; *Les Caprices du poète* (Mémoires), Mercure de France, 1971.

◆ **Mauriac** François, «Le Mystère Frontenac», in *Œuvres romanesques et théâtrales complètes*, t. II, Gallimard - Bibliothèque de la Pléiade, 1979 ; «Un adolescent d'autrefois», in *Œuvres romanesques et théâtrales complètes*, t. IV, Gallimard - Bibliothèque de la Pléiade, 1985 et Librio, 1996 ; «Mémoires intérieurs», in *Œuvres autobiographiques*, Gallimard - Bibliothèque de la Pléiade, 1990 ; *Bloc-notes*, 5 tomes, Seuil - Points Essais n°s 269 à 273.

◆ **Montaigne** Michel Eyquem de, «Essais», in *Œuvres complètes*, Gallimard - Bibliothèque de la Pléiade, 1963, Folio n°s 289, 290, 291.

◆ **Montesquieu** Charles de Secondat, baron de, «L'Esprit des lois», in *Œuvres complètes*, t. II, Gallimard - Bibliothèque de la Pléiade, 1951, Folio - Essais n°s 275 et 276 ; «Lettres persanes», in *Œuvres complètes*, t. I, Gallimard - Bibliothèque de la Pléiade, 1949, Folio n° 475.

◆ **Rostand** Edmond, *Cyrano de Bergerac*, Gallimard - Folio n° 1487 ; *L'Aiglon*, Gallimard - Folio n° 1764 ; *Chantecler*, Avant-Scène, 1994.

◆ **Toulet** Paul-Jean, «Mon Amie Nane», in *Œuvres complètes*, Laffont - Bouquins, 1986 ; *La Jeune Fille verte*, Slatkine, 1995 ; *Contrerimes*, Poésie/Gallimard, 1979.

Auvergne

◆ **Larbaud** Valery, «Allen» et «A. O. Barnabooth», in *Œuvres*, Gallimard - Bibliothèque de la Pléiade, 1957.

◆ **Vialatte** Alexandre, *L'Auvergne absolue*, Julliard, 1993 ; *Le Fidèle Berger*, Gallimard - Folio n° 1563.

Basse-Normandie

◆ **Barbey d'Aurevilly** Jules, «L'Ensorcelée» et «Le Chevalier des Touches», in *Œuvres romanesques complètes*, t. I, Gallimard - Bibliothèque de la Pléiade, 1964, Folio n°s 910, 727 ; «Memoranda», in *Œuvres romanesques complètes*, t. II, Gallimard - Bibliothèque de la Pléiade, 1964.

◆ **Proust** Marcel, «À l'ombre des jeunes filles en fleurs», in *À la recherche du temps perdu*, t. I et II, Gallimard - Bibliothèque de la Pléiade, 1987, 1988 et Folio n° 1946.

Bourgogne

◆ **Buffon** Georges Louis Leclerc, comte de, *Histoires naturelles*, Gallimard - Folio n° 1569. Ce volume contient des extraits du *Voyage à Montbard* d'Hérault de Séchelles.

◆ **Bussy-Rabutin** Roger de, *Histoire amoureuse des Gaules*, Gallimard - Folio n° 2443 ; *Mémoires*, J.-C. Lattès, 1987.

◆ **Colette** Sidonie Gabrielle, «La Maison de Claudine», in *Œuvres*, t. II, Gallimard - Bibliothèque de la Pléiade, 1986, LGF-Poche, 1990 ; «Sido», in *Œuvres*, t. II, Gallimard - Bibliothèque de la Pléiade, 1986, LGF-Poche, 1961.

◆ **Lamartine** Alphonse de, *Les Nouvelles Confidences*, «Méditations poétiques», in *Œuvres poétiques complètes*, Gallimard - Bibliothèque de la Pléiade, 1963.

Bretagne

- **Corbière** Tristan, *Les Amours jaunes*, Gallimard, 1981.
- **Flaubert** Gustave et **Du Camp** Maxime, *Par les champs et par les grèves*, Complexe, Bruxelles, 1989.
- **Grall** Xavier, *Rituel breton*, Calligrammes, Quimper, 1986.
- **Queffélec** Henri, *Un homme d'Ouessant*, Gallimard - Folio, 1974 ; *Tempête sur Douarnenez*, Gallimard - Folio, 1973 ; *Un recteur de l'île de Sein*, Stock, 1994.
- **Guillevic** Eugène, *Carnac*, Gallimard, 1961.
- **Perros** Georges, *Papiers collés*, Poésie/Gallimard, 1987.
- **Saint-Pol Roux**, «Les Féeries intérieures», in *Les Reposoirs de la Procession*, vol. 3, Rougerie, Mortemart, 1981 ; «Menhirs», in *Glorification*, Rougerie, Mortemart, 1996.

Centre

- **Alain-Fournier**, *Le Grand Meaulnes*, Hachette-Le Livre de poche, 1997.
- **Genevoix** Maurice, *Raboliot*, Grasset, 1995 ; *Trente mille jours*, Le Seuil, 1996.
- **La Tour du Pin** Patrice de, *La Quête de la joie*, Gallimard, 1989.
- **Proust** Marcel, «Le Côté de Guermantes», in *À la recherche du temps perdu*, t. I, Gallimard - Bibliothèque de la Pléiade, 1987, Folio n° 2658.
- **Rabelais** François, «Gargantua», in *Œuvres complètes*, Gallimard - Bibliothèque de la Pléiade, 1994.
- **Ronsard** Pierre de, «Amours de Cassandre», in *Œuvres complètes*, Gallimard - Bibliothèque de la Pléiade, 1950.
- **Sand** George, *Les Maîtres sonneurs*, Gallimard - Folio n° 1139 ; *La Mare au diable*, Gallimard - Folio n° 892 ; *Le Meunier d'Angibault*, Aurore, Grenoble, 1990 ; *Les Beaux Messieurs de Bois Doré*, Aurore, Grenoble, 1990.

Champagne-Ardenne

- **Diderot** Denis, «Les Deux Amis de Bourbonne» et «Entretien d'un père avec ses enfants», in *Œuvres*, Gallimard - Bibliothèque de la Pléiade, 1946 ; «Le Neveu de Rameau», «Jacques le Fataliste» et «La Religieuse», ibid. et Folio n°s 761, 763 et 57 ; *Voyage à Bourbonne et à Langres*, Aux amateurs de livres, 1989.
- **Rimbaud** Arthur, Poésies - *Une saison en enfer - Illuminations*, Poésie/Gallimard, 1973.
- **Voltaire**, «Lettres philosophiques», in *Mélanges*, Gallimard - Bibliothèque de la Pléiade, 1961 et Folio n° 1703 ; «Le Songe de Platon», in *Romans et contes*, Gallimard - Bibliothèque de la Pléiade, 1979 ; «Candide», ibid. et Folio n° 2358 ; «Zaïre», in *Théâtre du XVIIIe siècle*, t. I, Gallimard - Bibliothèque de la Pléiade, 1973; *Le Comte de Boursoufle*, Les Cinq Diamants, 1984.

Corse

- **Giustiniani** Agostino, *Description de la Corse*, préface et notes d'Antoine-Marie Graziani, Alain Piazzola, Bastia, 1993.
- **Maupassant** Guy de, «Le Bonheur», in *Contes et nouvelles*, t. I, Gallimard - Bibliothèque de la Pléiade, 1974.
- **Mérimée** Prosper, «Mateo Falcone», «Colomba», in *Théâtre, romans et nouvelles*, Gallimard - Bibliothèque de la Pléiade, 1979, Librio, 1996, Folio junior n° 382 ; *Notes d'un voyage en Corse*, A. Biro, 1989.

Franche-Comté

- **Aymé** Marcel, *Le Passe-Muraille*, Gallimard, 1982 ; *Uranus*, Gallimard, 1990 ; *Les Contes du chat perché*, Gallimard Jeunesse, 1983 ; «La Table-aux-crevés» et «La Jument verte», in *Œuvres romanesques complètes*, Gallimard - Bibliothèque de la Pléiade, 1988 ; *Gustalin*, Gallimard, 1938 ; *La Vouivre*, Gallimard, 1987.

◆ **Pergaud** Louis, *De Goupil à Margot*, Gallimard, 1982 ; *La Guerre des boutons*, Gallimard, 1995 ; «L'Herbe d'avril», in *Œuvres complètes*, Club de l'honnête homme, 1975.

Haute-Normandie

◆ **Flaubert** Gustave, «Madame Bovary», in *Œuvres*, t. I, Gallimard - Bibliothèque de la Pléiade, 1936, Folio n° 804.

◆ **Maupassant** Guy de, «Pierre et Jean», «Une Vie» et «Bel-Ami», in *Romans*, Gallimard - Bibliothèque de la Pléiade, 1987 et Folio n°s 1414, 544 et 865 ; «Les Contes de la bécasse», «La Maison Tellier» et «Boule-de-Suif», in *Contes et nouvelles*, t. I, Gallimard - Bibliothèque de la Pléiade, 1974, Folio n°s 1144, 2783 et 2782.

◆ **Leblanc** Maurice, *La Comtesse de Cagliostro*, LGF - Poche, 1964 ; *Arsène Lupin contre Herlock Sholmes*, LGF - Poche, 1963 ; *Huit cent treize*, Presses de la Renaissance, 1980 ; *Les Confidences d'Arsène Lupin*, LGF - Poche, 1965 ; *Arsène Lupin en prison*, LGF - Poche, 1995.

Île-de-France

◆ **Céline** Louis-Ferdinand, «Voyage au bout de la nuit», in *Romans*, t. I, Gallimard - Bibliothèque de la Pléiade, 1981, Folio n° 2.

◆ **Cendrars** Blaise et **Doisneau** Robert, *La Banlieue de Paris*, Denoël, 1983.

◆ **Maspéro** François, *Les Passagers du Roissy-Express*, Points-Seuil, 1992.

◆ **Nerval** Gérard de, *Sylvie*, Classiques Larousse, 1993 ; «Aurélia» et «Les Filles du feu», in *Œuvres complètes*, t. III, Gallimard - Bibliothèque de la Pléiade, 1993 et Folio n° 179 ; «Les Nuits d'octobre», «La Bohême galante» et «Promenades et souvenirs», in *Œuvres complètes*, t. III, Gallimard - Bibliothèque de la Pléiade, 1993.

Languedoc-Roussillon

◆ **Bousquet** Joë, *La Connaissance du soir*, Poésie/Gallimard, 1981 ; *Le Médisant par bonté*, Gallimard - L'Imaginaire, 1980 ; *Le Meneur de lune*, Albin Michel, 1989.

◆ **Valéry** Paul, «Variété» et «Poésies», in *Œuvres*, t. I, Gallimard - Bibliothèque de la Pléiade, 1957, Folio Idées n° 394 et Poésie/Gallimard n° 6 ; *Le Cimetière marin*, À cœur joie, 1980.

Limousin

◆ **Giraudoux** Jean, «Bella» et «Siegfried et le Limousin», in *Œuvres romanesques complètes*, t. I, Gallimard - Bibliothèque de la Pléiade, 1990, LGF, 1991 ; «Suzanne et le Pacifique» et «Elpénor», in *Œuvres romanesques complètes*, t. I, Gallimard - Bibliothèque de la Pléiade, 1990 ; «L'Apollon de Bellac», in *Théâtre complet*, Gallimard - Bibliothèque de la Pléiade, 1982 ; «Intermezzo», ibid. et Livre de Poche, 1964.

◆ **Jouhandeau** Marcel, *La Jeunesse de Théophile*, Gallimard, 1921 ; *Les Pincegrain*, Gallimard - Folio n° 1544 ; *Tite le Long*, Gallimard, 1932.

Lorraine

◆ **Barrès** Maurice, *La Colline inspirée*, Slatkine, 1996 ; *L'Appel au soldat*, Le Livre de Poche, 1975 ; *Mes Cahiers*, Plon, 1994 ; *Les Déracinés*, Gallimard - Folio n° 1983 ; *Un jardin sur l'Oronte*, Gallimard - Folio n° 2202.

◆ **Goncourt** Edmond et Jules de, *Journal*, Robert Laffont, 1989.

Midi-Pyrénées

◆ **Fabre** Jean-Henri, *Souvenirs entomologiques*, Robert Laffont - Bouquins, 1989.

Nord-Pas-De-Calais

◆ **Bernanos** Georges, «Les Grands Cimetières sous la lune», in *Essais et écrits de combat*, t. I, Gallimard - Bibliothèque de la Pléiade, 1972, Points-Seuil, 1995 ; «Monsieur Ouine», in *Œuvres Romanesques*, Gallimard - Bibliothèque de la Pléiade, 1961 ; «Sous le soleil de Satan» et «Le Journal d'un curé de campagne», ibid. et Presses Pocket, 1994 et 1984.

Paris

- **Aragon** Louis, *Le Paysan de Paris*, Gallimard - Folio n° 782.
- **Balzac** Honoré de, in *La Comédie humaine*, Gallimard - Bibliothèque de la Pléiade, 1976 à 1981 : t. I, «Mémoires de deux jeunes mariées», Folio n° 1268 ; «Un début dans la vie» ; t. II, «La Fausse Maîtresse» et «Une fille d'Ève», Folio n° 1202 ; «Béatrix», Folio n° 1123 ; «Honorine» ; t. III, «Le Père Goriot», Folio n° 784 ; «L'Interdiction», Folio n° 302 ; «Eugénie Grandet», Folio n° 31; «Le Colonel Chabert», Folio n° 593 ; t. IV, «La Rabouilleuse», Folio n° 163 ; t. V, «Illusions perdues», Folio n° 62 ; t. VI, «Splendeurs et misères des courtisanes», Folio n° 405 ; «La Maison Nucingen», Folio n° 1957 ; «Les Secrets de la princesse Cadignan», Folio n°1250 ; «Grandeur et décadence de César Birotteau», Folio n° 703 ; t.VII, «La Cousine Bette», Folio n° 138 ; «Les Employés», Folio n° 1669 ; «Les Comédiens sans le savoir» ; «Gaudissart II» ; «Le Cousin Pons», Folio n° 380 ; t. IX, «Le Lys dans la vallée», Folio n° 112 ; t. X, «La Peau de chagrin», Folio n° 555 ; t. XII, «Petites misères de la vie conjugale».
- **Breton** André, *L'Amour* et *Nadja*, Gallimard-Folio n°s 723 et 73.
- **Galet** Henri, *Le Tout sur le Tout*, Gallimard - L'Imaginaire, 1980.
- **Desnos** Robert, «Complainte de Fantômas», in *Fortunes*, Poésie/Gallimard, 1969.
- **Fargue** Léon-Paul, *Le Piéton de Paris*, Gallimard - L'Imaginaire, 1993 ; *Poisons*, Le Temps qu'il fait, Cognac, 1991.
- **Green** Julien, *Paris*, Champvallon, 1983.
- **Lépidis** Clément, *Belleville au cœur*, Vermet, 1980.
- **Mac Orlan** Pierre, *Villes*, Gallimard, 1966.
- **Mercier** Louis-Sébastien, *Le Tableau de Paris*, La Découverte, 1989.
- **Miller** Henri, *Jours tranquilles* à Clichy, Presses Pocket, 1995.
- **Restif de la Bretonne** Nicolas, *Les Nuits de Paris ou le Spectateur nocturne*, Gallimard - Folio n° 1739.
- **Simonin** Albert, *Touchez pas au grisbi*, Gallimard - Folio n° 2068 ; *Confessions d'un enfant de la chapelle*, Gallimard - Folio n° 1581.
- **Soupault** Philippe, *La Rose des vents*, Lachenal et Ritter, 1981.
- **Zola** Émile, in *Les Rougon-Macquart, Histoire naturelle et sociale d'une famille sous le second Empire*, Gallimard - Bibliothèque de la Pléiade, 1960 à 1966 : t. I, «La Curée», Folio n° 1322 ; «Le Ventre de Paris», Folio n° 1107 ; t. II, «Une page d'amour», Folio n° 2070 ; t. III, «Au Bonheur des Dames», Folio n° 1242 ; t. IV, «La Bête humaine», Folio n° 948 ; *Lourdes*, Gallimard - Folio n° 2736.

Pays-De-La-Loire

- **Cadou** René Guy, «Poémes inédits», in *Poésie la vie entière*, Seghers, 1996.
- **Gracq** Julien, *Œuvres complètes*, Gallimard - Bibliothèque de la Pléiade, 1995 ; *La Forme d'une ville*, José Corti, 1988 ; *Carnets du grand chemin*, José Corti, 1992.

Picardie

- **Barbusse** Henri, *Le Feu*, LGF, 1988.
- **Cendrars** Blaise, *La Main coupée*, Gallimard - Folio n° 619.
- **Duhamel** Georges, *Civilisation*, Mercure de France, 1951.
- **Graves** Robert, *Adieu à tout cela*, Stock, 1965 (épuisé).
- **Jünger** Ernst, *Orages d'acier*, Bourgois, 1995.
- **Verne** Jules, *Le Tour du monde en quatre-vingts jours*, Gallimard Jeunesse, 1995 ; *Cinq semaines en ballon*, Gallimard Jeunesse-Folio Junior, 1980.

Poitou-Charentes

- **Chardonne** Jacques, *Le Bonheur de Barbezieux*, Bibliothèque Stock, 1984 ; «Lettres à Roger Nimier», in **Chardonne** Jacques et **Nimier** Roger, *Correspondance* 1950 - 1962, Gallimard, 1984.

◆ **Loti** Pierre, *Le Roman d'un enfant*, Flammarion, 1988 ; *Fleurs d'ennui*, Éditions de la Francographie, 1990.

Provence-Alpes-Côte-D'Azur

◆ **Daudet** Alphonse, «Contes du lundi», in *Œuvres*, t. I, Gallimard - Bibliothèque de la Pléiade, 1986 ; «Les Lettres de mon moulin», «Tartarin de Tarascon», «Le Petit Chose», ibid. et Folio n°s 1533, 1824, 979.

◆ **Giono** Jean, «Regain», «Présentation de Pan», in *Œuvres romanesques complètes*, t. I, Gallimard - Bibliothèque de la Pléiade, 1971 ; «Les Vraies Richesses», in *Récits et essais*, Gallimard - Bibliothèque de la Pléiade, 1989 ; *Provence*, Gallimard - Folio Essais n° 2721 ; «Le Hussard sur le toit», in *Œuvres romanesques complètes*, t. IV, Gallimard - Bibliothèque de la Pléiade, 1977 et Folio n° 240 ; «Jean le Bleu», in *Œuvres romanesques complètes*, t. II, Gallimard - Bibliothèque de la Pléiade, 1972.

◆ **Mistral** Frédéric, «Les Îles d'or» et «Mireille», in *Œuvres complètes*, Culture provençale et méridionale, Marcel Petit, Raphèle-lès-Arles, 1979.

◆ **Pagnol** Marcel, *La Gloire de mon père*, De Fallois, 1990 ; *Le Château de ma mère*, *Le Temps des secrets*, *L'Eau des collines*, *Jean de Florette* et *Manon des sources*, De Fallois, 1988.

Rhône-Alpes

◆ **Claudel** Paul, *Journal I et II*, Gallimard - Bibliothèque de la Pléiade, 1968/1969.

◆ **Ponge** Francis, «Souvenirs interrompus», in *Nouveaux recueils*, Gallimard, 1992.

◆ **Rousseau** Jean-Jacques, «Les Confessions», in *Œuvres complètes*, t. I, Gallimard - Bibliothèque de la Pléiade, 1959, Folio n° 2776.

◆ **Stendhal**, «Vie de Henry Brulard», in *Œuvres intimes*, t. II, Gallimard - Bibliothèque de la Pléiade, 1982.

◆ **Voltaire**, «Lettres philosophiques», in *Mélanges*, Gallimard - Bibliothèque de la Pléiade, 1961, Folio n° 1703 ; «Histoire du docteur Akakia et du natif de Saint-Malo» et «Le Dîner du comte de Boulainvilliers», in *Mélanges*, Gallimard - Bibliothèque de la Pléiade, 1961 ; «Candide», in *Romans et contes*, Gallimard - Bibliothèque de la Pléiade, 1979, Folio n° 2358 ; «Lettre à Madame de Lutzelbourg», «Lettre à Claude Watelet», «Lettre à Thiriot», in *Correspondance*, t. V, Gallimard - Bibliothèque de la Pléiade, 1980.

TABLE DES ILLUSTRATIONS

Nous avons par ailleurs recherché en vain les héritiers ou éditeurs de certains documents. un compte leur est ouvert à nos éditions.